Dorothee Bertschmann

Lebensbrot und Morgenstern

Dorothee Bertschmann

Lebensbrot und Morgenstern

Biblische Betrachtungen im Rhythmus der Woche

Fromm Verlag

Impressum / Imprint
Bibliografische Information der Deutschen Nationalbibliothek: Die Deutsche Nationalbibliothek verzeichnet diese Publikation in der Deutschen Nationalbibliografie; detaillierte bibliografische Daten sind im Internet über http://dnb.d-nb.de abrufbar.

Bibliographic information published by the Deutsche Nationalbibliothek: The Deutsche Nationalbibliothek lists this publication in the Deutsche Nationalbibliografie; detailed bibliographic data are available in the Internet at http://dnb.d-nb.de.

Coverbild / Cover image: www.ingimage.com

Verlag / Publisher:
Fromm Verlag
ist ein Imprint der / is a trademark of
OmniScriptum GmbH & Co. KG
Heinrich-Böcking-Str. 6-8, 66121 Saarbrücken, Deutschland / Germany
Email: info@frommverlag.de

Herstellung: siehe letzte Seite /
Printed at: see last page
ISBN: 978-3-8416-0514-6

Widmung

Für meine Mutter
MARGRIT
"Die Perle"
In Dankbarkeit und Liebe

Inhaltsverzeichnis

Bibelzitate

MEDITATION ZUM EWIGKEITSSONNTAG UND ADVENT

„Eure Hüften sollen gegürtet und eure Lichter angezündet sein!"
Lukas 12, 35

„Angezündete Lichter"

Ewigkeitssonntag. Es ist der letzte Sonntag im Kirchenjahr, an dem wir an die Menschen denken, die wir verloren haben, besonders im letzten Jahr. In manchen Kirchen werden ihre Namen verlesen und für jede Person eine Kerze angezündet.
Einige von uns verbringen diesen Tag auf dem Friedhof, verweilen nachdenklich oder traurig am Grab eines nahen Menschen. Manche haben auch da eine Kerze angezündet und sie in einem Windschutz brennen lassen. Sie flackern als einsame Wache in der Kälte und Dunkelheit der Novembernacht. Sie geben Licht in die Dunkelheit von Trauer und Tod.
Es ist gut, sie brennen zu lassen.

„Bereit sein"

Im Bibeltext, aus dem der Wochenspruch stammt ist es auch Nacht. Jesus erzählt ein Gleichnis von Knechten, die auf ihren Herrn warten. Dieser ist auf einer Hochzeit, isst, trinkt, tanzt und feiert bis tief in die Nacht hinein, ja, vielleicht sogar bis in die frühen Morgenstunden.
Die Knechte haben sich bereit zu halten, wenn nötig die ganze Nacht. Sobald der Herr nach Hause kommt, müssen sie ihn willkommen heissen, ihn bedienen und ihm wohl auch ins Bett helfen. Wehe wenn das Haus dunkel ist und die Knechte pflichtvergessen schlafen!
Jesus ermahnt seine Jünger, bereit zu sein für sein erneutes Kommen, so wie Knechte, die nachts Wache halten, bereit um ihren Meister zu

empfangen. Auch wenn die Versuchung gross ist, in einen resignierten Trott zu verfallen oder das Warten aufzugeben, sollen sie wach und bereit bleiben.

„Wache halten“

Ich stelle mir vor wie die Knechte sich leise unterhalten, um nicht einzuschlafen. Dazwischen sind sie immer wieder ganz still und horchen in die Nacht hinaus. Hört man etwa schon Schritte? Hat da nicht jemand gerufen?
In der Adventszeit, die nächste Woche anfängt, besinnen wir uns darauf, dass wir in Erwartung leben. Auch wir warten auf unseren wiederkommenden Herrn. Einerseits auf das überraschende Kommen von Jesus Christus in Herrlichkeit, das dem Weltenverlauf ein Ende setzen und alles ins rechte Licht rücken wird. Andererseits indem wir Ausschau halten nach den Zeichen des Reiches Gottes mitten unter uns. Gerade wenn es in einzelnen Menschenleben oder in Weltgebieten dunkel wird, braucht es solche Wächter, die in die Nacht hinaushorchen und bereit sind für Gottes Kommen. Aber wie kann das ganz praktisch aussehen?

„Die Hüften gürten“

Dieser altertümliche Ausdruck weisst auf die Kleidersitten zur Zeit Jesu hin. Im Haus trug man die langen Gewänder lose. Wenn man sie aber zusammenraffte und mit einem Gürtel oder einer Kordel um den Bauch festband, war man reisefertig oder bereit, um einen Dienst zu erfüllen. Bei uns würde man sagen, jemand muss die Schuhe binden. Eine solche aufmerksame Bereitschaft ist von uns gefordert.
Dazu müssen wir uns innerlich auf-raffen. Die Kleider zusammenraffen könnte auch heissen: Mich auf das besinnen, was wesentlich ist. Auf das,

was alles andere zusammenhält. Gibt es Zerstreuungen und Ablenkungen in meinem Alltag, auf die ich für eine Weile verzichten kann? Ist es möglich, dass sogar die festlichen Vorbereitungen auf Weihnachten zu einem allzu üppigen Gewand geworden sind, das mich am Gehen hindert? Bin ich bereit aufzubrechen, wenn Gott den Weg weist – aus meinem gewohnten Trott, aus meinem dumpfen Schmerz, aus dem Wiederkäuen alten Unrechts?

„Hoffnungslichter"

Das Umgürten der Lenden ist das Eine: Sich konzentrieren auf das, was wirklich zählt, sich aufraffen aus Schläfrigkeit und Zerstreuung. Die Lichter brennen zu lassen ist das andere. Sie helfen uns, nicht einzuschlafen, beziehungsweise Gott aus den Augen zu verlieren. Was sind das für Lichter? Mir scheint, es sind zuerst Hoffnungslichter. Wir lassen uns nicht entmutigen, sondern halten Ausschau nach der guten Zukunft Gottes. Wir überlassen uns nicht den Schwarzmalern, sondern sind aufmerksam für Gottes Wirken unter uns. „Jesus ist hier!" hat jemand in Bern auf den Boden gesprayt, ganz in der Nähe des Bundeshauses. Viele Füsse sind achtlos darüber hinweggegangen. Manche haben vielleicht den Kopf geschüttelt. Für einige war es ein Hoffnungslicht im geschäftigen Treiben. Wir können uns gegenseitig mit Worten und Taten, still und aussergewöhnlich, laut und leise an Gottes Verheissungen erinnern und so einander ein Licht aufstecken

„Willkommenslichter"

Eine Bekannte hatte mich eingeladen, nach einer Tagung bei ihr zu übernachten. Es war schon dunkel, als ich endlich die Strasse finde. Aber welches war schon wieder die Hausnummer? Ich betrachtete die Reihenhäuser eines nach dem anderen. Einige schieden auf jeden Fall aus:

Dort wo es dunkel war. Bestimmt hatte meine Gastgeberin ein Licht für mich brennen lassen!
„Lasst eure Lichter brennen“ kann heissen: Behaltet eure Herzen und Häuser offen. Stellt ein Willkommenslicht ins Fenster. Seid bereit für Gäste, auch ungeladene. Seid bereit, dass Gott euch in ihnen begegnet. Und seid immer wieder still und aufmerksam- offen für Gottes leise Stimme. Empfänglich für die Anregungen seines Geistes. Heisst Gott bewusst willkommen, so wie es in einem Adventslied wunderbar ausgedrückt wird: „Komm o mein Heiland, Jesu Christ, meins Herzens Tür dir offen ist.“

„Freudenlichter“

Der Abschnitt aus dem Lukasevangelium, aus dem unser Wort stammt ist keine leichte Kost. Es ist von gespanntem Warten die Rede. Vom erschreckend unerwarteten Kommen des Hausherrn. Von Lohn und Strafe. Aber ein Vers darin leuchtet vor Freude: Es wird erzählt wie der heimkehrende Herr die Knechte zu Tisch bittet (Lk.12,37).Was für ein erstaunliches Bild! Der Hausherr kommt nicht torkelnd zur Tür hinein und lässt sich die Stiefel ausziehen. Statt dessen bindet er sich eine Schürze um und dient seinen Knechten mit allem, was das Herz begehrt. Unsere brennenden Lichter sind Lichter der Freude. Der, für den wir uns bereit halten hat ein Fest bereit für uns. Der, dem wir dienen, hat sich zum Diener aller gemacht. Auf ihn zu warten ist Freude.

MEDITATION ZUM ADVENT

Himmel und Erde werden vergehen; meine Worte aber werden nicht vergehen

Markus 13: 31-37

Stellen Sie sich vor – es kommt Besuch. Soviel ist klar. Aber dann kommt die Schwierigkeit: Niemand weiss, wann dieser Besuch genau einzutreffen gedenkt. Das ist eine Herausforderung für Sie als Gastgeberin. Sie haben aufgeräumt und Blumen schön arrangiert. Sie haben den Tisch gedeckt und im Ofen schmort ein Braten. Wenn es klingelt, dann müssen Sie nur noch die Schürze schnell ausziehen und an die Türe gehen. Aber eben – wann hat der Besuch gesagt, dass er kommt? Niemand weiss es. Es kann jeden Moment geschehen. Es kann aber auch noch Stunden dauern. Ja, eigentlich wissen Sie nicht, ob der Besuch überhaupt noch heute eintrifft. Oder erst morgen. Nächste Woche. Nächsten Monat. Sie blättern zuerst nervös in einer Zeitschrift, das Ohr immer in Richtung Türe gespitzt. Sie drehen die Hitze im Ofen hinunter. Sie gähnen. Das ist aber langweilig. Wann kommt er nur?

Surreal kommt uns diese Szene von gestern vor. Besuch, der sich ohne die geringste Zeitangabe anmeldet, würde von uns wohl nicht besonders geschätzt. Aber von so einem Besuch berichtet der Evangelist Markus mit den Worten Jesu: "Seid wachsam" ruft er uns allen zu (V.37). Denn der "Menschensohn", Jesus Christus, wird in grosser Macht nochmals diese Erde heimsuchen. Ihr wisst nicht, wenn die Zeit da ist (V.33). Niemand, nicht einmal Jesus selber weiss, wann es soweit ist (V.32). Man bekommt aber beim Lesen des Textes den Eindruck: Es geht nicht mehr lange! Es ist bald soweit! Eine grosse Bedrängnis läutet schon das Ende ein. Zwar weiss niemand, wann der Besuch kommt, aber man hat doch den Eindruck: Er ist auf jeden Fall schon unterwegs. Ein solches Warten kann ich mir gut vorstellen. Ich kann mir diesen Besuch zwar nicht einfach einplanen, zuerst noch ein wenig Spazieren gehen, noch jemanden anrufen. Er nimmt mich ganz in Beschlag. Ich muss bereit sein. Aber es ist klar: Lange geht es nicht mehr.

Ich kann mir vorstellen, eine kürzere Zeit konzentriert und gespannt zu warten. Aber nicht endlos lange. Unser eindringlicher Bibeltext macht mir deshalb zu schaffen: Seit diese Worte erklungen sind, seit dieser Besuch angekündigt wurde, sind mehr als 2000 Jahre vergangen. Ich weiss, es gab Zeiten, es gab herausragende Christen, die ganz neu von dieser gespannten Erwartung erfüllt wurden, die ihr Leben in höchster Bereitschaft für das Evangelium verbracht haben. Aber mich bringen diese Zeilen in Verlegenheit: Hat Jesus, hat die erste Christengemeinde die Lage falsch eingeschätzt? Kann ich mich in diese angespannte Haltung von jener Zeit versetzen? Soll ich das überhaupt noch? Fast möchte ich diese Zeilen still und leise überblättern. Aber sie stehen da, und sind nicht wegzubringen aus meiner Bibel. “Was ich aber euch sage, das sage ich allen: Seid wachsam!”

Jesus redet von sich in einem kurzen Gleichnis: Ein Mensch zieht über Land, er verlässt sein Haus und gibt seinen Knechten Vollmacht, “jedem seine Aufgabe” und den Türhütern gebietet er zu wachen (V.34). Diese Szene spricht mich an. Da sind keine gestressten oder gähnende Köche, sondern Leute, die zum Haus gehören, und alle eine Aufgabe anvertraut bekommen haben. Sie sind tätig, sie haben das Vertrauen und die Vollmacht des abwesenden Hausherrn. Einer von ihnen hat die Aufgabe, an der Türe Wache zu halten, zu horchen und zu schauen, ob es schon Zeichen des zurückkehrenden Herrn gibt. Einer hütet die Schwelle. Er hilft den anderen sich daran zu erinnern, dass sie nicht einfach in eigener Sache vor sich hinwerkeln, sondern in Erwartung für den kommenden Besuch: Für Ihn machen sie alles bereit, für Ihn halten sie alles im Schuss, für Ihn stehen sie treu und aufmerksam an ihrem Platz. Die christliche Gemeinde hatte gottlob immer wieder solche "Türhüter", Männer und Frauen mit prophetischem Weitblick und tiefer Einsicht. Sie helfen den anderen, ihr Tun und Lassen auf den kommenden Herrn hin zu ordnen.

2000 Jahre sind ins Land gezogen seit Jesus diese Worte gesprochen hat. Die kleine Jesus-Bewegung hat sich in unvorstellbarer Weise ausgebreitet, das Evangelium kam auf der ganzen Welt an. Weltreiche sind entstanden und wieder zerfallen, in manchen Gegenden verschwand die Christengemeinde wieder, um in anderen neu Fuss zu fassen. Welten sind vergangen, Träume vom Himmel auf Erden sind zu Staub zerfallen – aber die Worte von Jesus sind nicht vergangen, nie. Sie wurden von der ersten Generation von Christen weitererzählt und weitergegeben – auch das, was schon für sie daran schwierig und unverständlich war. Und so zirkulieren sie weiter unter uns, die Worte und Geschichten vom Menschensohn, der Kranke heilte, der Stürme stillte, Gleichnisse erzählte, Menschen anrührte und aufschreckte. Sie erwachen zu neuem Leben, die alten Worte, in Predigten und in den biblischen Geschichten, die wir unseren Kindern erzählen. In der Hoffnung, die wir im Herzen tragen und in der Art, wie wir aufmerksam und treu unsere Aufgaben verrichten.

Ich kann mir nicht vorstellen, endlos lange auf einen Besuch zu warten, der sich angekündigt hat, aber scheinbar nie kommt.
Aber ich kann mir vorstellen, ab und zu den Ofen auszuschalten, mich hinzusetzen und Richtung Türe zu horchen. Ich kann mir vorstellen, ab und zu den Dienst des Türhüters wahrzunehmen – von dem, der lauscht und die Zeichen der Zeit zu deuten versucht, während die anderen ihrem Alltag

nachgehen. Ich kann mir vorstellen, immer neu bereit zu werden, auf das zu warten, was mein Verstehen der Welt übersteigt. Ich kann mir vorstellen, im Namen des Christus eine Suppe auf dem Herd und ein Brot im Ofen zu haben, für die Menschen, in denen er mir anonym einen Besuch abstattet, schon vor dem grossen Kommen. Meistens aber gehe ich einfach meiner Arbeit nach und staune darüber, dass Er sie mir zutraut und anvertraut.

MEDITATION ZUM ADVENT II

„Erhebt, ihr Tore, eure Häupter, erhebt euch, ihr uralten Pforten, dass einziehe der König der Herrlichkeit“

Psalm 24, 7

„Macht hoch die Tür, die Tor macht weit“. Unser Wochenpsalm bringt ein Stück Advent ins Haus. Es sind geheimnisvolle, urtümliche Bilder: Uralte Pforten.Tore, die ihre Häupter erheben. Ich sehe schwere, eisenbeschlagene Tore einer mittelalterlichen Burg vor mir. Oder eine moosbewachsene Eichentüre in einem Märchen, die sich auf ein Zauberwort hin mit einem leisen Knarren öffnet. Dahinter tun sich neue Welten auf, geheimnisvoll und unerforscht.

Hier allerdings ist weniger wichtig, was hinter den Pforten liegt als vielmehr, wer *vor* der Türe steht. Der König der Herrlichkeit wird angekündigt, der Starke, der Held im Kampf. (7/9). Auch das mutet an wie eine Märchensprache: Der Königssohn reitet nach gewonnener Schlacht in seine Stadt zurück. Alle Tore tun sich ihm weit auf.

Im neuen Testament wird diese Bildsprache auf Jesus übertragen. Im Buch der Offenbarung wird er als derjenige beschrieben „der öffnet, und niemand wird schliessen; der schliesst, und niemand öffnet.“ (Offb.3,7). Ja, der

Auferstandene hält selbst die Schlüssel des Todes und der Unterwelt. (1,18) Ein Stück Ostern.

Mein WG- Kollege ist Kolumbianer. Seine Zimmertür steht fast immer offen. Er fühlt sich sonst eingesperrt, abgeschottet von den anderen. Die offene Türe gibt ihm Luft, verbindet ihn mit den anderen. Ich dagegen mag es, meine Zimmertür zuzumachen. Es gibt mir meinen eigenen, geschützten Raum. Ich fühle mich geborgen in meinem kleinen Reich. Türen und Tore haben verschiedene Bedeutungen: Sie geben Sicherheit, aber schliessen auch aus oder schotten ab. Wie ist das bei Ihnen? Schliessen Sie Ihre Wohnungstüre immer sorgfältig ab? Oder steht Ihre Haustüre meistens einladend offen? Ich vermute, dass beide Aspekte zum Leben gehören: Das Bedürfnis nach Sicherheit und der Wunsch nach Offenheit. Je nach Typ ist das eine oder andere stärker ausgeprägt, auch in unserem Glaubensleben.

Der Psalm 24 fängt mit einem Satz an, der den Liebhabern der Offenheit aus dem Herzen sprechen müsste: „Dem Herrn gehört die Erde und was sie erfüllt, der Erdkreis und die ihn bewohnen." Was für eine Befreiung! Es gibt keine verhexten Winkel und verbotenen Zonen. Es gibt keinen Menschen, kein Volk, für die dies nicht gilt: Sie gehören Gott. Er hat sie alle gemacht. Türen und Tore, Schlösser und Riegel scheinen hier ganz überflüssig zu sein. Viele Jahre später wird Paulus von verunsicherten Gemeindegliedern in Korinth gefragt, was sie genau essen dürfen. Müsste man nicht im Zweifelsfall genau nachforschen, ob das Fleisch auf dem Teller vor der Mahlzeit den Götzen geopfert wurde? Da zitiert Paulus diesen Vers: „Dem Herrn ist die Erde" (1. Kor.10,26). Er empfiehlt, im Zweifelsfall unbesorgt zu leben und alles dankbar zu brauchen.

Wenn ich in meinen Block gelangen will, muss ich einen elektronischen Zahlencode eintippen. Erst mit der richtigen Kombination öffnet sich die Tür.Von solch einem Code scheint auch der Psalm zu reden. „Wer darf hinaufziehen zum Berg des HERRN? Wer an seine heilige Stätte treten?" (3) In der Antwort werden klare Bedingungen genannt. Fallen also die Türen doch wieder ins Schloss, werden die Riegel erneut vorgeschoben?
Offenbar gibt es zwar keine verhexten Orte auf der Erde aber durchaus heilige Orte, wo Gottes Gegenwart besonders spürbar ist. So wie der Tempel in Jerusalem. Die Erde gehört zwar Gott, und jeder Mensch auf ihr, aber das heisst noch nicht, dass alles in bester Ordnung ist. Im Aufstieg zum heiligen Ort erfahren die Menschen, wie Gott sich das Zusammenleben auf der Erde gedacht hat.

Wem öffnet sich die Tür? Wer reine Hände hat und ein lauteres Herz, wer nicht falsch schwört oder seinen Sinn auf Nichtiges richtet. Wer Gott sucht und nach ihm fragt, darf in den heiligen Raum eintreten. Er wird Segen und Gerechtigkeit empfangen von Gott. (4-6) Gott erlässt klare Richtlinien, gibt aber auch verlässliche Versprechen ab. Die beschriebenen Vorgaben würden wir heute wohl mit „Integrität" umschreiben: Ein Vorgesetzter, der Wort hält. Ein Arbeitnehmer, der ehrlich ist. Eine Nachbarin, die nicht verleumdet. Ein Mensch, der weder seine Karriere noch sein Geld vergötzt. Eine erfolgreiche Berufsfrau, die noch staunen kann. Ein alter Mann, der sich offene Antennen bewahrt hat für Gott.
Eine Klarheit und Aufrichtigkeit wird ausgedrückt, die leben hilft, so wie schützende und bergende Türen.

Es passiert bei einem Umzug. Die kostbare Kommode will einfach nicht durch die Türe hindurch passen. Nach langem Schwitzen und Probieren bleibt den Umzugsmännern nichts anderes übrig, als beide Türflügel auszuhängen.

Etwas ähnliches beschreibt der Psalm in seinen letzten Versen in jubelnder Sprache: „Erhebt euch ihr uralten Pforten!“ Hier kommt einer, der den Rahmen sprengt: Der König der Herrlichkeit. Gott, dem die ganze Erde gehört und Gott, der klare Richtlinien setzt, er selber kommt und sucht uns auf.
Hier auf Erden brauchen wir Gebote und Grenzen. Wir brauchen Türen, die wir entschlossen zumachen können und einen göttlichen Türcode, um den Weg ins Leben zu finden. Aber es gibt die Vision in der Bibel, dass einmal die ganze Erde vollkommen von Gottes Glanz erfüllt sind, nicht nur besondere heilige Orte. Türen und Schlösser werden dann ihren Dienst getan haben.

Diese Vision ist wiederum unvergleichlich im Buch der Offenbarung beschrieben. Vom neuen,himmlischen Jerusalem ist hier die Rede. Diese Stadt hat zwar Tore – aber sie stehen immer offen, weil es keine Nacht mehr gibt. (Offb. 21,25) Die Völker ziehen ihrer Wege im Lichtglanz von Gottes Herrlichkeit. Alle Richtlinien, Gebote und Verbote sind über-holt, weil es nichts Böses mehr gibt. Wenn Gott selber bei den Menschen wohnt, können die Türen weit offen bleiben. Im Licht dieser Hoffnung dürfen wir Einsichten und Verhaltensregeln schätzen und hochhalten. Wir müssen uns aber nicht dahinter verbarrikadieren. Es sind Gottes Geschenke - auf Zeit.

MEDITATION ZU WEIHNACHTEN

Und das Wort, der Logos, wurde Fleisch und wohnte unter uns. Und wir schauten seine Herrlichkeit, eine Herrlichkeit, wie sie ein Einziggeborener vom Vater hat, voller Gnade und Wahrheit.

Johannes 1,14

Das Wort

Es gibt Momente, da steht die Zeit still. Ehrfurcht liegt in der Luft. Der dunkle Nachthimmel, von Sternen übersät, die doch alle in präziser Ordnung zueinander stehen. Ein neugeborenes Kind, das uns aus unergründlichen Augen ansieht. Ein atemberaubender Bau von vollendeter Schönheit und höchster Kunstfertigkeit. Herrliche Musik, die nicht von dieser Welt ist. Und vieles mehr. Woher kommt sie, die Weisheit, die Ordnung? Die Schönheit und das Wunderbare? Verschiedene Philosophien und Religionen haben verschiedene Antworten darauf gegeben. Manche unter den alten Griechen sagten: Es ist das Wort, der Logos. Unsere Welt ist durchwaltet von einem göttlichen Geist, der alles weise ordnet und gestaltet.

Das Wort ward Fleisch.

Das Wort, der erhabene Geist, der allem seine Ordnung und Weisheit gibt ist das eine. Das Fleisch ist etwas ganz anderes. Es steht für das irdische Menschsein. Das Fleisch, das bedeutet Essen und Trinken, Durst und Hunger. Es bedeutet Mann und Frau sein, einen Körper haben, geniessen und Schmerzen erleiden, es bedeutet die Hilflosigkeit eines Säuglings und die Bresten des Alters. Es bedeutet das konkrete, zufällige, oft chaotische

Leben. Vergänglichkeit statt Ewigkeit. In vielen Philosophien geht daher das Streben vom allzu irdisch Materiellen zum höheren Geistigen.
Johannes erzählt davon, dass Gott diese Richtung umdrehte: Die Ewigkeit ging in einen konkreten Menschen ein, der Höchste wurde hinfällig, der ohne Anfang und Ende ist wurde als kleines Kind geboren. Eine atemberaubender Gedanke: „Der aller Welten nie beschloss, der lieget in Marien Schoss." (Martin Luther).

Und wohnte unter uns

Jetzt, wo das Ewige irdisch geworden ist, wo das Göttliche menschlich geworden ist, ist Gott in allernächste Nachbarschaft zu seinen Menschen getreten. Wörtlich übersetzt heisst unser Satz: „und zeltete unter uns". Das Bild des Zeltes erinnert an das „Zelt der Begegnung" das das Volk Israel auf der Wüstenwanderung bei sich hatte (2.Mose 33,7). Das Zeichen von Gottes Mitgehen und Gegenwart. In Jesus Christus schlägt Gott nochmals ein „Zelt der Begegnung" auf, mitten drin in der grossen Zeltstadt der Menschheit: Mitten in den Festzelten und Wohnzelten und Geschäftszelten und Kriegszelten und Alltagszelten unseres Lebens. Gott baut sich keine Festung oder eine Burg auf einem hohen Berg. Er zeltet, in einem zerbrechlichen, konkreten Menschendasein. Mitten unter uns. Ganz für uns.

Und wir schauten seine Herrlichkeit

Aber offenbar ist nicht alles einfach schön und gut. Mit seiner zerbrechlichen Menschengestalt macht sich Gott auch übersehbar und missverständlich. Das Wort, das Fleisch geworden ist, das Licht, das im Finstern scheint, löst Abwehr aus. (Johannes 1,11).Ist das nicht der Sohn Josephs aus Nazareth? (Johannes 6, 42). Viele sehen in Jesus nur ein kleines Kind, einen Zimmermann, einen schändlich Hingerichteten am Kreuz. Einen gescheiterterten Propheten mehr halt.

Jesus hat seine Zeitgenossen nicht geblendet oder sie mit seiner Herrlichkeit überwältigt. Aber einige gab es, die hörten seine Worte und sahen seine Taten. Und manchmal durchfuhr sie eine Ahnung. Ich stelle mir vor, es waren Momente, wie wenn in einem dunklen Gang die Tür zu einem Festsaal einen Spalt weit aufgeht und Licht, Musik und köstliche Gerüche herausfluten. So sahen die Jünger in Jesus seine göttliche Herrlichkeit aufblitzen (Johannes 2,11). Sternschnuppen, Sternstunden des Glaubens.

Und wir schauten seine Herrlichkeit

Vor vielen Jahren waren Drei-D-Bücher grosse Mode. Vordergründig sah man nur eine Art wirres Tapetenmuster auf den Seiten dieser Bücher. Wenn man dagegen lange und geduldig in sie hereinschaute, hatte man auf einmal das Gefühl in das Bild einzutreten. Im Tapetenmuster trat ein dreidimensionales Bild hervor, zum Beispiel ein Rentierschlitten. Um die Herrlichkeit von Jesus zu sehen, genügt ein flüchtiger Blick nicht. Aber immer wieder erfahren Menschen, dass sich ihnen neue Dimensionen auftun. Wenn sie geduldig und aufmerksam die Berichte der Evangelien lesen. In der Gemeinschaft mit anderen Christen. Machen können wir solches nicht. Aber wir können darum bitten, es als göttliches Weihnachtsgeschenk erbitten.

Wie sie ein Einziggeborener vom Vater hat

Es gibt vieles, was uns etwas von Gott erahnen lässt. Wir treffen Gottes Spuren an in Natur und Kultur, in anderen Menschen. Aber Johannes will mehr als dies sagen: In Jesus Christus ist nicht einfach ein weiterer Stern am Nachthimmel sichtbar geworden. Sondern er steht zu Gott wie der Sohn zum Vater, wie der Feuerschein der Sonne zum Sonnenkörper. Einzigartig. Alle unsere Ahnungen sind überboten. Wir werden nicht mehr an etwas noch Höheres weitergeleitet, sondern schauen Gott mitten ins Herz (Johannes

1,18). Wir können diese Aussagen nur mit höchster Ehrfurcht und staunender Demut machen. Aber aufgeben können wir sie nicht.

Voller Gnade und Wahrheit

Das Gedicht in Johannes 1 spricht davon, dass Gott in Jesus sein Licht scheinen liess. Wieder einmal haben wir Weihnachten gefeiert, ein Fest mit viel warmem, sanftem Kerzenlicht. Es ist ein barmherziges Licht, das vergoldet und Geborgenheit gibt. Aber auch Licht, das vertuscht und manches verbirgt. Irgendwann mussten wir wieder das klare, helle Deckenlicht anzünden. Das Licht, in dem wir uns orientieren und unsere Arbeit tun können. Aber auch das Licht, das etwas Unbestechliches und Grelles hat. Ohne Erbarmen beleuchtet es das Schlachtfeld unter dem Tannenbaum und in der Küche. Gottes Licht in Jesus Christus ist warm und bergend wie Kerzenlicht und gleichzeitig klar und Orientierung gebend wie ein helles Deckenlicht. So wie „Gnade und Wahrheit“ – wir bringen das oft nicht zusammen. Aber wir können uns darauf verlassen, auf dieses Licht, das uns Klarheit schenkt und uns heilt. Dafür steht das Wort ein, das Fleisch wurde, der Sohn, der uns den Vater zeigt.

ZUM NEUJAHRSTAG

„Wir reden euch aber zu liebe Brüder und Schwestern: Weist die zurecht, die sich an keine Ordnung halten, ermutigt die Verzagten, steht den Schwachen bei, habt Geduld mit allen!“

1. Thessalonicher 5, 14

Plötzliches Ende

Es ist Nacht. Die Familie schläft friedlich in ihren Betten. Plötzlich ein Klirren, Schritte. Ein Fremder ist ins Haus eingedrungen. Ohne Vorwarnung. Statt Geborgenheit machen sich Angst und Panik bereit.

Mit einem „Dieb in der Nacht“ vergleicht Paulus den „Tag des Herrn“ (V.2), den Tag an dem Jesus Christus in Herrlichkeit kommt und den Weltenlauf zu einem Ende bringt. Wie eine werdende Mutter den Wehen nicht entrinnen kann, wird Gottes Gerichtstag niemand entkommen können. (V.3) Es sind beunruhigende Bilder. Manches was solid und abgesichert erschien, wird ins Wanken kommen und aus den Angeln gehoben werden. Manches, was als Friede galt, wird als faul entlarvt werden.

Was tun mit dieser kalten Dusche?

Kinder des Tages

Wie lebt es sich mit dieser Erwartung? Etwa so, dass man vor Angst fast vergeht? Oder so, dass man kein Auge mehr zutun kann?

Interessanterweise sagt Paulus nicht: Seid auf der Hut und lebt in ständiger Bereitschaft vor „dem Tag“. Er sagt vielmehr: Ihr gehört ja schon zum Tag! (V.5) Ihr habt ja schon die Seiten gewechselt. Nicht arglose Schläfer in der Nacht seid ihr, sondern Leute, die schon von den ersten Sonnenstrahlen geweckt wurden. In dem Sinn sind alle Christen „Morgenmenschen“: Sie lassen sich schon den neuen, frischen Wind um die Nase wehen, der mit

Jesus Christus in die Welt gekommen ist. Sie sind „Kinder des Tages“ und „Söhne und Töchter des Lichtes“. (V.5) Auch sie wissen zwar das Datum von Gottes grossem Tag nicht, aber er wird sie nicht erschrecken wie ein Dieb, sondern freudig überraschen, wie der Blitzbesuch eines Freundes. (V.9)

Wach

Wie sieht das wohl konkret aus, als „Söhne und Töchter des Lichtes“ zu leben? Paulus gibt in unserem Bibelabschnitt eine lange Perlenschnur von ganz praktischen Ermahnungen. Einige davon will ich herausgreifen.

Die Kinder des Tages sind als erstes wach, sagt Paulus. (V.6) Das leuchtet ein. Die Nacht ist zum Schlafen da. Aber die, die von Christus aufgeweckt wurden, schlafen nicht mehr. Natürlich ist dies nicht wörtlich gemeint, wie Paulus selber klar stellt. (V.10) Ich stelle mir vor, dass der christliche „Morgenmensch“ offene Augen hat. Er sieht eine verborgene Not, die anderen entgeht. Sie hat offene Ohren für Gottes Reden. Die Kinder des Tages kuscheln sich nicht in ihr eigenes, privates Daunenbett sondern lassen sich von Gott in die Welt rufen. Die Kinder des Tages sind nicht schläfrig oder unterdrücken gar ein Gähnen, sondern sie sind ganz präsent an ihrem Ort. In Glaube, Hoffnung und Liebe. (V.8)

Nüchtern

Für einige ist die Nacht die Zeit, um sich zu betrinken. (V.7) Anstatt mit den ersten Sonnenstrahlen aufzuwachen, erleben sie den Anbruch des neuen Tages ziemlich verkatert. Auch dies ist als Bildsprache zu verstehen. Was heisst aber nüchtern sein?

Vielleicht denken wir spontan an einen gutschweizerischen Realisten, der nicht besonders viel Phantasie hat. Aber es könnte auch so aussehen: Gottes Morgenmenschen trinken sich keinen Rausch an. Sie verfallen keinem Goldrausch und trinken auch nicht masslos an der Erfolgsflasche. Sie

nippen nicht an betörenden Cocktails von weltlichen Heilsversprechen. Und sie lassen sich nicht das hochprozentige Zeugs von Verschwörungstheorien und Angstmacherei durch die Gurgel rinnen.
Sie haben ein gutes Augenmass, beurteilen die Dinge im Licht von Gottes neuer Welt. Sie schauen nicht weg aber verfallen auch nicht in Panik.

Füreinander da

Ich mag die Geschichten von Puh der Bär. Jedes der Plüschtiere hat so seine Eigenarten: Puh der Bär hat eine unüberwindbare Schwäche für Honig. Das Schweinchen kommt manchmal so in eine Aufregung, dass es nur noch ängstlich quieken kann. Und der Esel I-Ohr ist ein Berufspessimist, der chronisch mit dem Schlimmsten rechnet.
Auch die „Söhne und Töchter des Tages" behalten ihre Eigenarten. Die Morgensonne hat sie offenbar nicht gleich zu Lichtgestalten verwandelt. Da gibt es die Unabhängigen, die um keinen Preis eine Regel oder eine Ordnung anerkennen wollen, die sie nicht selber erfunden haben. Da gibt es die Verzagten, auf Griechisch wörtlich die „Kleinseelen", die nicht viel vertragen, die schnell mutlos und traurig werden. Und da sind die Schwachen, die, die immer wieder einknicken, belastet durch innere und äussere Nöte. (V.14)
Dies ist ganz normal auch bei Gottes Morgenmenschen. Im Licht des neuen Tages sollen sie füreinander da sein: Zurechtweisen, ermutigen, beistehen.

Geduldig

Das habe ich nicht erwartet, dass Gottes Morgenmenschen sich durch Geduld auszeichnen sollen. (V.14b) Vielleicht, weil Morgenmenschen eher etwas Draufgängerisches und Dränglerisches ausstrahlen. Vielleicht, weil Menschen, die das Licht gesehen haben, oft sehr ungnädig werden können. Aber das Licht, um das es geht, ist ja das „herzliche Erbarmen unseres Gottes, mit dem das aufgehende Licht aus der Höhe uns besuchen will", von dem Zacharias singt (Lukas 1, 78). Geduld ist ein kostbares Geschenk – es hat mit Zeit zu tun, die sich jemand nimmt, um mit einer „Kleinseele" auszuharren. Es hat mit Liebe zu tun, die die Unabhängigen nicht abschreibt oder abkanzelt sondern zurecht-weist. Es hat mit Hoffnung zu tun, die auf Gottes Kraft auch in der Schwachheit vertraut.

Vollendung

Wir haben ein neues Jahr angetreten. Wir wissen wenig, was auf uns wartet. Wir wissen wenig, worauf wir zugehen. Paulus erinnert uns daran, dass wir auf den „Tag des Herrn" zugehen. Er erinnert uns daran, dass uns im Auf und Ab der Zeiten einer entgegen kommt. (V.23) In den Höhen und Tiefen des Lebens warten wir auf Ihn, den Lebendigen, der uns Leben schenkt. (V.10) Seine schöpferische Liebe wird vollenden, was hier unvollkommen und notvoll geblieben ist. Darum werden wir nicht müde, sondern gehen unseren Weg, geduldig, zuversichtlich und mit grosser Freude.

MEDITATION ZUM GRÜNDONNERSTAG

„Abba, Vater! Alles ist dir möglich. Lass diesen Kelch an mir vorübergehen!“

Markus 14, 36

Jesus mit uns

„Oh, wenn diese Operation doch schon vorbei wäre!“ „Ich plage mich damit, was den Kindern alles passieren könnte“. „Ich habe schreckliche Angst vor dieser Prüfung“. Wir Menschen sind Lebewesen, die nicht nur im Moment existieren. Wir können zurückdenken und vorausschauen. Wir können eine gefährliche oder schlimme Situation sogar emotional vorwegnehmen, uns zum voraus mit Ängsten und Trauer plagen. Manchmal hilft es zu wissen, was auf einen zukommt, manchmal macht es die Situation nur noch schlimmer. Auch Jesus ist nicht ahnungslos. Die Zeichen stehen auf Sturm. Und sogar wo alles gut erscheint, weist er auf seinen bevorstehenden Tod hin (14, 8.21.23). Jesus weiss, was kommt. Aber all das rettet ihn nicht vor dem Grauen der Angst. Jesus – mit uns. An unserer Seite in seiner Angst.

Jesus mit uns

Wir bewundern Menschen, die gefasst und stark bleiben, sogar im Unglück. Verschiedene Völker und Kulturen erzählen sich Geschichten von solchen Menschen, um einander Mut zu machen. Aber hier ist Jesus, die souveräne und geheimnisvolle Gestalt des Markusevangeliums – und er zittert vor Angst. Alle Zuversicht ist weg und die Seele ist schwer, als ob sie schon im Totenreich wäre. „Abba, Vater! Alles ist dir möglich. Lass diesen Kelch an mir vorübergehen“ (36) Ein Kind ruft, in Todesangst. Es ruft mit Vertrauen und Ehrerbietung. Aber es kommt keine Antwort. Kein Engel erscheint im Markus-Evangelium, um Jesus zu stärken. Das Kind ruft ins Leere, in die Nacht hinein. Es ist eine Vorwegnahme des Todesschreis am Kreuz: „Mein Gott, mein Gott, warum hast du mich verlassen?“ (Markus 15:34) Jesus mit uns. Mit uns in unserer Isolation von Gott. Und mit uns in unserem vergeblichen Rufen.

Jesus für uns

Jesus möchte einige vertraute Menschen um sich haben in seinem Kampf. Und gleichzeitig muss er allein sein mit Gott. (32) Seine Not kann von niemandem wirklich geteilt werden. Sie kann nur begleitet und mitgetragen werden. Auch das ist zutiefst menschliche Erfahrung. Die ersehnte Unterstützung und Nähe der Jünger bleibt allerdings aus. Sie werden überwältigt von Müdigkeit. Ihre Augen sind „schwer geworden“, sie wissen nicht mehr was sagen. (40) Jesus muss seinen Weg ganz allein gehen, noch in einem tieferen Sinn als im allgemein Menschlichen. Sein Weg ist einzigartig. Er ist nicht einfach ein geängstigtes Kind mehr, das vergeblich um Hilfe ruft. Jesus ist der einzigartige Sohn Gottes. (1:1) Und als dieser Sohn begibt er sich an einen Ort extremster Gottverlassenheit. Er schmeckt ein Verderben, dass sonst kein Mensch ertragen kann. Markus ist äusserst zurückhaltend diesbezüglich. Etliche Kapitel vorher hat er es angedeutet: „Der Menschensohn ist nicht gekommen um sich dienen zu lassen sondern um zu dienen und sein Leben hinzugeben als Lösegeld für viele.“ (Markus 10:45).

Jesus für uns

Dreimal betet Jesus sein Gebet: „Abba, Vater!“ Er schliesst es ab mit „Doch nicht was ich will, sondern was du willst“ (36). Dieser Teil ist berühmt geworden. Wahrscheinlich ist er auch uns geläufiger. Es ist für viele Menschen ein Vorbild geworden von Ergebenheit in Gottes Willen. Aber dieser göttliche Wille kann einen im Zusammenhang der Passion auch dunkel und fast gewalttätig anmuten. Hat Gott das Schlimmste und Schwerste für mich bereit? Muss ich mich ohnmächtig seinen Plänen fügen? Nehmen wir das Gebet von Jesus nicht zu schnell als Beispiel für uns und womöglich als Appell. Es gehört auf die Seite des einzigartigen Kämpfens und Ringens von Jesus für uns. Er erfüllt in unnachahmlicher Weise Gottes schweren, dunklen Willen, der ihn in die tiefsten Tiefen und daraus heraus führen wird: „Für die vielen“ (24).

Jesus ohne uns

Nach dem Trauern und Zagen sehen wir Jesus mit neuer Entschlossenheit. Wiederum findet er die Jünger schlafend. „Steht auf, Lasst uns gehen“ (42) sagt Jesus. Für ihn heisst das: Dem Verräter und der gefürchteten Stunde entgegen gehen. Für die Jünger heisst es Fliehen. Panik tritt ein, die Schläfrigkeit ist vergessen. Wie aufgescheuchtes Wild rennen die Jünger in alle Himmelrichtungen davon, wenn es sein muss nackt! (52) Der Einzige, der noch eine Weile durchhält, Petrus, wird wenig später komplett versagen.(66-72). Allein steht Jesus alles durch, die Verhöre, die Folter, die Hinrichtung. Einige Frauen schauen von weitem zu (15:40), sonst ist niemand mehr da. Jesus ist ausgeliefert, preisgegeben, dem abgründigsten Hass, den schlimmsten Quälerein, die sich Menschen ausdenken können.

Jesus mit uns

Die Wege von Jesus und seinen Jüngern haben sich brutal getrennt. Sie sind hier, er ist da. Die Jünger erleben das Trauma, dass ihr verehrter Meister seinen Feinden in die Hände fällt. Und sie erleben die Demütigung, dass sie ihn vollkommen im Stich lassen. Normalerweise neigen Leute dazu, solche Erlebnisse zu verdrängen oder zumindest zu retouchieren. Der Bericht von Markus ist unglaublich ehrlich. Die Tiefen von Jesu Leiden werden unzensuriert stehen gelassen. Die Abgründe von menschlichem Versagen werden knapp berichtet. Vielleicht kann das so sein, weil Jesus gerade in seiner Einsamkeit und Verlassenheit *mit* den Jüngern ist. Als der Leidende erträgt er die Schuld, die Menschen anrichten – die Tätlichkeiten und auch das Unterlassen von Gutem. Als der Verlassene ist er der Solidarische.

Wir mit Jesus

Jesus geht seinen Weg für uns, trotz uns, wegen uns, oft ohne uns.
Aber das heisst nicht, dass wir Zuschauer sind, die Passion und Ostern staunend betrachten, wie man einen Komet am Himmel betrachtet.
Jesus, der in seiner Einsamkeit wacht und betet, hält den Platz für uns frei:
Wir werden befreit von unserer Schuld, damit wir anderen vergeben können.
Wir werden getragen in unserem Leid, damit wir das Leid anderer mittragen können. Wir werden verschont vom Austrinken des allerbittersten Kelches, des schweren Willen Gottes für Jesus, damit wir von Herzen „Dein Wille geschehe" beten können.

MEDITATION ZUM KARFREITAG

Als nun Jesus den Essig genommen hatte, sprach er: Es ist vollbracht. Und er neigte das Haupt und verschied.
Johannes 19, 30

Es ist vollbracht

Es ist vollbracht. Es ist überstanden. Es ist geschafft. Es ist geglückt.
Dies könnte der Jubelschrei eines Bergsteigers sein, der einen Viertausender bezwingt.
Oder der triumphiernde Ausruf einer Erfinderin, die endlich die komplizierte Konstruktion zum Laufen gebracht hat.
Aber dies hier sind die letzten hervorgestossenen Worte eines zu Tode Gemarterten. Wie passt das zusammen: Dieser schreckliche Tod und dieser fast triumphierende Ruf?
Anders als Markus und Matthäus überliefert Johannes keinen Schrei der Verlassenheit.
Macht dies seinen Bericht unglaubwürdig?
Vielleicht kennen Sie die Rätselbilder, auf denen man gleichzeitig zwei Figuren wahrnehmen kann. Je nachdem welche Linien das Auge registriert, wie es Licht und Schatten zusammensieht sehen manche zuerst die alte Frau und andere das junge Mädchen – im gleichen Bild. Ich denke, dass Johannes das Grauen der Kreuzigung nicht verdrängt. Aber noch mehr als andere Evangelisten nimmt er uns bei der Hand und zeigt uns, was *genauso* wahr und real ist.

Erfülltes Zeugnis (1-16)

„Ich bin in die Welt gekommen, um für die Wahrheit Zeugnis abzulegen" sagte Jesus im letzten Kapitel zu Pilatus. In Bildreden und in zeichenhaften

Wundern hat Jesus immer wieder offenbart, woher er kommt und wer er ist. Jetzt aber schweigt er. Er schweigt zu den Fragen. Er schweigt zum Geschrei der Menge.
Nur einmal noch öffnet er den Mund um Pilatus zu sagen, dass auch er, der mächtige Statthalter Roms in Gottes Hand ist.
Dieser aber zögert. Er wankt. Er bekommt Angst. Er taktiert hin und her. Und muss schliesslich tun, was er nicht tun wollte.
Ohne es zu wollen, liefert Pilatus Jesus aus. Ohne es zu wissen wird er zum Zeugen für Jesus.
„Sehet den Menschen!"
„Sehet euren König!"
Pilatus weiss nicht, wie wahr er spricht.
Der unmenschlich Zugerichtete ist der wahrhaft Menschliche.
Der ohnmächtig Ausgelieferte ist der wahrhaft Souveräne.

Erfüllte Mission (17-22)

Ausgestellt, allen gaffenden Blicken ausgesetzt, blossgestellt hängt Jesus am Kreuz.
Jesus schweigt. Aber das Schild über seinem Kopf schreit es hinaus: „Dies ist der König der Juden". Dreisprachig, damit es alle mitbekommen. Pilatus hat sich die Inschrift als grausamen Scherz und wohl als Rache an den jüdischen Meinungsmachern ausgedacht. „So sieht also ein jüdischer König aus!" Kein Wunder folgen wütende Proteste. Aber auch hier weiss Pilatus nicht, wie recht er hat: Jesus, der es ablehnte zum König gekrönt zu werden (Joh 6,15), erfüllt im tiefsten Abgrund seine höchste Mission: „Und wenn ich von der Erde weggenommen und (ans Kreuz) erhöht bin, werde ich alle zu mir ziehen" (Joh.12,32). Und Jesus, der Jude, bleibt der König der Juden. Trotz aller scharfer Auseinandersetzungen zwischen Jesus und Teilen seines

Volkes - Jesus erleidet am Kreuz auch die Schmach und Schande, die sein Volk trifft. Mit ihnen und für sie.

Durchgehaltene Liebe (23-27)

Johannes berichtet, dass Jesus „den Seinen seine Liebe bis zur Vollendung" erwies (Joh.13,1).

Jesus wird äusserlich ausgeliefert, preisgegeben. Aber das andere Bild von Johannes zeigt jemanden der „sein Leben einsetzt für seine Freunde" (Joh.15,13). Bewusst und gewollt.

Die Passion ist nicht in erster Linie eine Tragödie oder eine Anklage oder ein Unrecht für Johannes, sondern der allerhöchste Liebesbeweis Gottes.

Während die Soldaten seine Kleider zerteilen und um seinen Mantel würfeln richtet Jesus Worte der Liebe an die Gruppe verstörter Menschen beim Kreuz.

Er sagt zu seiner Mutter, dass sie von nun an einen Sohn hat: Seinen Jünger, den er lieb hat. Und er sagt seinem Jünger, dass er nun eine Mutter hat. Durchgehaltene Liebe, bis zuletzt. Worte, wie ein schützender, wärmender Mantel.

Erfüllte Geschichte (28-30)

„Damit die Schrift an ihr Ziel kommt" sagt Jesus, dass er Durst hat, so wie es im Psalm 22 steht. Daraufhin bekommt er Essig zu trinken. Dieser und andere Verweise auf die Heilige Schrift muten uns vielleicht befremdlich an. Als ob Jesus ein göttliches Drehbuch durchspielen müsste, Punkt für Punkt. Vielleicht können wir es so verstehen: Mitten in diesem schrecklichen Geschehen bleibt Gott am Werk. Was Jesus erlebt und erleidet ist angebunden an Gottes Pläne und eingebunden in die Geschichte von Gottes Volk. Die Welt mit all ihren Wirrungen und Schrecknissen ist noch nicht überwunden. Aber sie wird schon unter dem Horizont von Gottes Sieg gesehen. Gottes Geschichte mit der Welt ist nun auf die Zielgerade eingebogen.

Am Ziel (31-37)

Es ist vollbracht. Es ist vorbei. Jesus hat ausgelitten.Wasser und Blut fliessen aus Jesu Seite, nachdem ein Soldat seine Lanze hineingestossen hat. Eindringlich betont der Evangelist, dass es wirklich so war. (V.35)

Einige Ausleger sehen darin einen medizinischen Hinweis, dass Jesus tatsächlich tot war.

Aber darüber hinaus erinnert die Stelle an die Ströme lebendigen Wassers, von denen Jesus sprach (7,38). Und an sein lebensspendendes Blut, den wahren Trank (Joh.6,53f.).

Wasser und Blut – Zeichen des sicheren Todes.

Wasser und Blut - Zeichen von unvorstellbarem Leben.

Der wirkliche Tod Jesu bringt wahrhaftiges Leben.

Wer kann es verstehen? Wer kann es fassen?

Ende und Anfang (38-42)

Es ist vollbracht. Wir sind am Ziel. Vorerst wird es still. Zwei Getreue geben Jesus die letzte Ehre. Ausgerechnet Joseph und Nikodemus, diese halbherzigen und furchtsamen Anhänger Jesu machen nun ganze Sache. Sie lassen Jesus ein geradezu königliches Begräbnis angedeihen. Unmengen von teuren Salben werden verwendet um den Leichnam einzubalsamieren.

Sie legen ihn in ein neues, noch nie gebrauchtes Grab.

Es steht in einem Garten.

Bald wird es Nacht.

Doch das Ende ist erst der Anfang.

Wenn du wüsstest – Joseph von Arimathia, dass das neue Grab bald nicht mehr gebraucht wird. Wenn du wüsstest, Nikodemus, dass Gott daran ist neues Leben zu schaffen, wie damals in jenem anderen Garten.
Seid getrost - bald wird es Tag.
Denn – „Finsternis ist nicht finster bei Ihm, und die Nacht ist licht wie der Tag.“ (Psalm 139,12).

MEDITATION ZU OSTERN

„Wenn also jemand in Christus ist, dann ist das neue Schöpfung; das Alte ist vergangen, siehe, Neues ist geworden.“
2. Kor. 5, 17

„Eine neue Schöpfung“„Alles neu, macht der Mai“ singen wir im Frühling. Es ist, als ob sich das Wunder der ersten Schöpfung wiederholen würde: Im Garten und auf den Feldern spriesst junges Grün, die Bäume treiben neue Blätter. Manche Menschen werden angesteckt vom Erneuerungsdrang der Natur: Da wird ein Keller entrümpelt oder eine Gartenbank neu gestrichen. Das Fahrrad wird auf Hochglanz poliert und etwas Neues für den Kleiderschrank besorgt. Wir brauchen Erneuerung, Auffrischung, damit unser Leben nicht von den täglichen Staubablagerungen zugedeckt wird. Von einer gründlichen Erneuerung spricht der Apostel Paulus. Eine neue Kreatur (Lutherbibel), eine neue Schöpfung wird beschrieben. Da ist offenbar noch viel mehr im Tun als eine Farbauffrischung oder eine Garderobe – Ergänzung!

„In Christus“ Die neue Schöpfung Gottes ist Jesus Christus selber. Paulus nennt ihn den „zweiten Adam“ (Römer 5,12 – 14). Das heisst: Gott hat in

Jesus Christus einen Neuanfang gemacht. Es ist Frühling geworden auf der Welt. Das Osterfest fällt mit dem Frühlingserwachen zusammen: Da halten sich die Christen diesen Frühling neu vor Augen: Alles Dunkle ist überwunden. Unsere Schuld ist vergeben. Der Tod selber ist besiegt! Es ist eine Erneuerung von innen heraus, nicht von oben herab. Jesus Christus ist Mensch geworden. Er ist durch Leiden und Tod hindurchgegangen und hat sie so überwunden. Wie eine junge Pflanze im Frühling, die aus dem Dunkel der Erde hervorspriesst. Dieser Frühling zieht seither Kreise. Menschen lassen sich davon anstecken und berühren: Mit Hoffnungskraft. Mit Glaubensmut. Mit versöhnender Liebe.

„In Christus"

Da ist ein junger Mann. Er hat nie so recht den „Rank" gefunden im Leben, ist schliesslich drogenabhängig geworden. Nach einer Therapie gerät er meistens sofort wieder ins alte Fahrwasser durch seine Kollegen auf der Gasse. "Kein Wunder bei diesem Umfeld" sagen manche. Unsere Umgebung, das „Milieu" wo wir uns aufhalten prägt uns: Das Klima, die Atmosphäre, die Beziehungen darin. Zum Guten oder Schlechten.

Paulus beschreibt Jesus Christus als unser Umfeld. Er sagt nicht: „Was ein rechter Christenmensch ist..." sondern „Ist jemand in Christus". In Christus sein heisst, von ganzem Herzen auf den neuen Frühling von Gott vertrauen. Es heisst, sich darin niederzulassen wie in einem bergenden Haus. Es heisst sich hineinziehen zu lassen in eine tiefe Beziehung, in eine Geschichte von Leiden und Hoffnung, die noch nicht zu Ende geschrieben ist.

„Das Alte ist vergangen" Wer orientiert sich schon an einem SBB-Fahrplan von 1957? Wer fordert seinen Gegner im Jahr 2008 zu einem Fecht-Duell auf? Und wer trägt einen Wintermantel mitten im Sommer? Lachhaft, wenn nicht bedenklich würde uns solches Verhalten erscheinen. Da hat jemand nicht begriffen, dass die Zeiten geändert haben! „All die alten Dinge sind zu Ende gegangen“ schreibt Paulus. In der neuen Schöpfung von Christus sind neue Zeiten angebrochen. Es ist zwar so, dass wir oft im gleichen, alten Trapp weiterleben: Immer wieder dieselben zerstörerischen Gewohnheiten. Die gleichen Ängste und Sorgen. Vertraute Muster, die uns gefangen halten. Aber sie gelten nicht mehr. Sie sind passé, überholt, überwunden. Vielleicht können wir in diesem Wissen manchmal sogar darüber lachen.

„Neues ist geworden“ „Du bist noch ganz der Alte!“ so rufen wir freudig aus, wenn wir einen alten Bekannten nach längerer Zeit wiedersehen. Ob das ein Kompliment ist? Je nachdem sicher schon. Wenn vertraute Züge an einem lieben Menschen gleich bleiben, gibt uns das ein Gefühl von Geborgenheit. Geht es Paulus darum, dass wir Menschen werden, die überhaupt nicht wiederzuerkennen sind, weil alles neu ist an ihnen? Ja und nein. Die Liebe von Christus verändert uns radikal, an der Wurzel. Aber wir werden als die Menschen erneuert, die Gott geschaffen hat, mit unseren Farben und Eigenarten. Da erzählt eine Frau Mitte 50 aus ihrem Leben. Als junge Frau entdeckte sie den christlichen Glauben. „Ich war unausstehlich!“ ruft sie aus, „wusste alles besser und sagte allen laut und deutlich was bei ihnen falsch war. Und so, wie ich jetzt bin...das ist das Resultat von 30 Jahren göttlicher Gnade!“ Die Leute im Saal lachen. Offenbar hat die temperamentvolle Dame ihre Eigenart anderen die Meinung zu sagen nicht vollständig verloren. Trotzdem sind Veränderungen geschehen. Sie ist geduldiger und barmherziger geworden. Sie hat sich verändert und ist gerade so mehr sich selber geworden: Der Mensch, den Gott geschaffen hat.

„Siehe“! Veränderungen brauchen Zeit. Manchmal 30 und mehr Jahre. Es braucht vielleicht ein Menschenleben. Aber Paulus rechnet damit, dass

Neues sichtbar und spürbar wird. So wie eine junge Pflanze, die durch dürre, braune Blätter hindurchstösst. Wir können dieses Neue nicht machen. Wir können nicht an den zarten Pflanzen von Gottes Gnade zerren. Aber wir können es wahr-nehmen, sehen und staunen: Du bist ja gar nicht mehr einfach die Alte! Wir können den Blick schärfen für das was neu geworden ist. Anstatt gnadenlos das im Visier zu haben was dürr, ewig gleich und ermüdend ist. Welche Zeichen von Gottes Frühling sehe ich heute?

„Eine neue Schöpfung"

Wir leben in einer Spannung: Das Alte, was dem Leben Gottes entgegensteht ist von Christus überwunden. Das Neue ist da und dort sichtbar und Grund zur Freude! Trotzdem ist noch ein vielfältiges Seufzen und Klagen hörbar in der alten Schöpfung, eine Sehnsucht nach Befreiung. (Römer 8, 18 – 22) Sind wir davon ausgenommen, wenn wir „in Christus" sind, so wie in einer sicheren Glaskugel? Nein, denn Jesus Christus zieht uns ja in seine Geschichte hinein, wir leiden mit und seufzen mit und erleben an uns selber, was Sterben heisst. Aber „in Christus" wird das alles zu einem Samenkorn der Hoffnung. Wir leben nicht einfach um zu sterben, sondern wir erfahren in allem Sterben Gottes Leben – stark und zart, unbesiegbar und hoffnungsvoll wie der Frühling.

Wie lange, Herr! Willst du mich ganz vergessen?
Psalm 13, 2a

„Warum lässt Gott das zu“? „Wozu ist das wohl gut?“ So fragen wir manchmal. Die Psalmen kennen nebst diesen nachdenklichen Fragen noch eine andere, viel simplere: „Wie lange?“ Es ist eher ein Aufschrei als eine Frage. Der Mensch, der sie Gott entgegenschleudert ist unter Druck. Er oder sie hat keine Musse mehr zum Sinnieren. Die Frage nach dem Sinn wird völlig zweitrangig vor der bangen Frage: Wie lange dauert das noch?
Wie lange kann ein Mensch chronische Schmerzen ertragen, ohne völlig zermürbt zu werden? Wie lange können Eltern zusehen, wie ihr Kind auf immer verschlungeneren Irrwegen geht, bevor sie innerlich zerbrechen? Wie lange kann jemand die Quälereien seines Vorgesetzten aushalten, Tag für Tag, ohne den letzten Rest seiner Selbstachtung zu verlieren? Wer „wie lange“ betet, benennt seine Grenzen. Menschliche Leidensfähigkeit, so erstaunlich gross sie auch oft ist, ist nicht unerschöpflich. „Herr, wie lange? Herr, ich bin ein Mensch mit Grenzen. Und ich komme an meine Grenzen!“

Viermal schleudert der Psalmenbeter David Gott seine Frage entgegen: „Wie lange?“ „Wie lange, Herr!“ so fängt der Psalm an. (V.2) Davids Schrei geht nicht ins Leere. David ruft Gott bei seinem heiligen Namen, JHWH. Es ist ein vorwurfsvoller, ungeduldiger, angstvoller und eindringlicher Schrei. Darf man so mit Gott reden? Aber – heisst das nicht Gott ganz und völlig ernst nehmen, wenn ich ihn so eindringlich bei seinem Namen rufe? Wer an eine unpersönliche höhere Macht glaubt, kennt keinen solchen Schrei. Wer Gott nur als allerletzten Lückenbüsser kennt, kennt keinen solchen Schrei. Aber David schreit, weil er ohne Gottes Nähe nicht sein kann. Nicht nur der konkrete Kummer drückt ihn nieder, sondern das Gefühl, dass Gott sich von ihm abgewendet hat, fern und fremd geworden ist.

Die Ferne Gottes geht einher mit der unheimlichen Nähe von Feinden. „Wie lange noch soll mein Feind sich über mich erheben?“ (V.3) Eine Bedrohung, die bisher in Schach gehalten werden konnte, bekommt nun die Oberhand. Die Schlinge zieht sich zusammen, der Wasserpegel steigt. Von Überwältigt-Werden, von bitterer Demütigung ist die Rede. Es gibt Leute, die warten nur darauf, dass ich ins Schleudern komme, sagt David. (V.5)
In einem Kurzfilm, den Touristen auf Safari gedreht haben, sieht man ein Büffelkalb, das hinter seine Herde zurückfällt und von Löwen angegriffen wird. Es wehrt sich so lange, bis die erwachsenen Büffel zurückkommen und die Löwen vertreiben. So muss sich David vorkommen – von Gott verlassen und von Feinden umstellt. Aber er gibt nicht auf. Er wehrt sich. Er ruft zu seinem Gott.

Aber wer von uns hat schon Feinde? Doch wohl nicht die Nachbarin, die uns zwischendurch ärgert, oder der politische Gegner im Gemeinderat? Und sogar wenn wir Feinde haben - hat nicht Jesus geboten unsere Feinde zu lieben?
Ich glaube, dass die „Feinde“ das bezeichnen, was gelingendes Leben bedroht und in den Ruin treibt. Das können durchaus Menschen sein! Aber es kann auch die Krankheit sein, die alle Hoffnungen brutal vernichtet. Die Katastrophe, die alles kaputt macht. Paulus spricht vom Tod als vom „letzten Feind“ (1.Kor.15.26). Die „Feinde“ setzen das Vorzeichen „alles vergeblich“ vor unser Leben. Ich halte es für eine biblische Tugend, gegen die Feinde des Lebens und der Liebe aufzubegehren. Es ist Voraussetzung auch der Feindesliebe, die Dinge beim Namen zu nennen. Warum nicht den Psalm 13

in Solidarität mit Menschen beten, deren Leben bedroht und angegriffen wird, selbst wenn wir persönlich keine Feinde haben?

Zu Gott schreien heisst sich und Gott ernst nehmen. Gegen die Feinde aufbegehren heisst, am Leben festhalten. Aber wir können uns auch heiser schreien. Wir können in unserem Jammer und Elend versinken. „Ich aber..." heisst es da plötzlich im Vers 6. „Ich aber vertraue auf deine Güte. Ueber deine Hilfe jauchze mein Herz." Ein Ruck geht durch den Psalmenbeter. Entschlossen, fast ein wenig trotzig tönt es: „Ich aber vertraue auf Gott." Ist der Schrei erhört worden? Hat sich die Lage zum Guten gewendet? Oder ist auf geheimnisvolle Art Erleichterung und neue Kraft geschenkt worden mitten in allem Schwierigen? Beides gehört zu den Erfahrungen des Glaubens. So oder so schaut der Beter über den Horizont seiner Not hinaus: Ich aber schaue auf Gottes Güte, auf das Gute, das Gott versprochen und schon gewährt hat.

Wer den Psalm aufmerksam liest merkt, dass es nicht nur um die Bitte um Hilfe geht. Es geht ebensosehr um die wiederhergestellte Kommunikation mit Gott. „Sieh mich an, erhöre mich!" fleht der Beter. (V.4) Es ist hier ein tieferes Hören und Sehen gemeint. So wie eine Mutter ihr Kind ansieht und merkt, dass etwas nicht stimmt. So wie ein guter Freund an einer winzigen Veränderung der Stimme spürt, dass der andere in Not ist. David bittet Gott, dass er ihn so ansieht und anhört. Er bittet Gott, sich ihm wieder zuzuwenden. Dann kann auch er, David, wieder von Herzen jauchzen und Gott zusingen. (V.6) Die Geschichte endet also nicht damit, dass Gott nach vollbrachter Hilfe abtritt, so wie die Feuerwehr oder der Notarzt. Es geht letztlich um viel mehr - um ein beglückendes, heilsames Sehen und Gesehen Werden, um ein Gespräch, eine Beziehung.

Um ein neues Sehen geht es, einen klaren Blick, sogar wenn die Not noch andauert. „Mache meine Augen hell, damit ich nicht zum Tod entschlafe“ (V.4b) bittet David. Damit wird wohl auf die erloschenen Augen der Toten angespielt. David bittet ganz einfach darum, leben zu dürfen. In einem umfassenderen Sinn ist es eine Bitte um Lebendigkeit und Lebensfreude. Wir reden davon, dass jemand „abgelöscht“ wirkt. Menschen schauen uns aus müden und resignierten Augen an. Wir brauchen den Blick in die Weite, um nicht innerlich zu erlöschen. „Gott erleuchte die Augen eures Herzens, damit ihr wisst, zu welcher Hoffnung ihr durch ihn berufen seid“ schreibt Paulus. (Eph.1.18) Jesus Christus hat für uns gegen alle Feinde des Lebens aufbegehrt. Möge sein Geist uns Kraft geben, um unsere Not Gott entgegen zu schreien. Und möge das Licht von Ostern unsere Augen zum Leuchten bringen.

MEDITATIONEN ZUM PSALTER II

„Er führte mich hinaus ins Weite, er befreite mich, denn er hat Gefallen an mir.“

Psalm 18, 20

Erleichterung. Wir kennen sie alle, die Bilder von zu Tränen gerührten und zutiefst erleichterten Spitzensportlern, nachdem sie ein wichtiges Turnier oder Spiel oder Rennen gewonnen haben. Mit unbändiger Freude sehen wir sie ihre Pokale in die Höhe halten: Es ist geschafft! Ich hab’s geschafft! Alles Zittern, alle Anspannung sind vorbei, es darf gestrahlt werden. Mit einem Freudenschrei der Erleichterung beginnt auch der Psalm 18. Der Psalmbeter ist viel mehr entronnen als nur einer sportlichen Niederlage. Er geriet in tödliche Bedrängnis, er wurde von übermächtigen Feinden in die Enge getrieben. Aber er ist errettet worden von seinem Gott – die enge

Todesschlucht wurde wieder weit. Unzählige Menschen teilen am Ferseher und in Stadien die Erleichterung ihrer Sportidole, Unzählige mehr haben in den erleichterten Freudenschrei von Psalm 18 eingestimmt: „Mein Gott, mein Hort, mein Schild, meine Burg!“ (V.3)

Begeisterung: Kürzlich feierten wir in der Familie einen runden Geburtstag. Wir haben lange geplant, Dinge ausgeheckt und vorbereitet für das Geburtstagskind. Alle Hebel wurden in Bewegung gesetzt um diesen Geburtstag einmalig schön zu machen. Die Jubilarin hat sich denn auch von Herzen gefreut: So viele Überraschungen, Besuche, Blumen und Geschenke – „All das für mich“! David redet von einem Gott, der für ihn jedes Register zieht: Himmel und Erde zittern (8), es wird dunkel, hagelt, donnert und das Meer weicht zurück (8-16). Dieses ganze Spektakel dient allein zu Davids Rettung. „All das für mich!“ So viel wert ist er seinem Gott. Gott stellt Himmel und Erde auf den Kopf um seinem Diener zu helfen. Ganz schön begeisternd ist das!

Selbstbewusstsein: Kennen Sie den Unterschied zwischen einem Hund und einer Katze? Der Hund bekommt jeden Tag sein Fressen von seinem Herrchen, er wird gestriegelt und Gassi geführt und sagt sich schliesslich: Diese Person muss wohl Gott sein. Die Katze wird ebenfalls gefüttert, gehegt und gepflegt und denkt schliesslich: *Ich* muss wohl Gott sein...
Auf den ersten Blick kommt einem David eher wie die selbstbewusste Katze vor. Er lässt uns wissen, dass er reine Hände hat und immer richtig handelte (V.21). Er bekommt nur zurück was ihm zusteht: „So vergalt mir der Herr nach meiner Gerechtigkeit“ (V.25).
Selbstbewusstsein und Gottvertrauen sind eins in diesem Psalm. Man könnte sagen, David ist Hund und Katze zugleich – er preist Gott als seinen Retter

und hat gleichzeitig eine hohe Meinung von sich. Ist das selbstgerecht? Oder je nach Situation ehrlich und angebracht?

Offensive: Der Gerettete lässt es nicht beim Dank bleiben. David preist Gott der seine „Hände den Kampf lehrt"(35). Er redet davon, dass er seinen Feinden nachsetzt und sie vernichtet (38). Er behandelt sie wie Unrat, wie Staub (V.43). Er, der Gesalbte Gottes zwingt die Völker unter sich (44). Viele dieser Sätze klingen erschreckend kriegerisch und agressiv. Sie gehen uns nicht leicht oder gar nicht über die Lippen. Wie passen sie zusammen mit der Demut und Nächstenliebe, die Jesus lehrt?
Bei allem Unbehagen – etwas gefällt mir an der Grundstimmung dieses Psalmes: Da schreitet einer voller Zuversicht weit aus. Da getraut sich einer Raum einzunehmen, aktiv und kraftvoll. Wie schwer fällt das vielen Menschen, Frauen wohl noch mehr als Männern. Wie gut, dass er *auch* in unserer Bibel steht, der Psalm 18!

Weit Ausschreiten. Der Philosoph Nietzsche kritisierte am Christentum eine ‚Sklavenmoral', eine unterwürfige Haltung, wo sich Menschen selbst aufgeben. Von einer solchen Karikatur eines blässlichen und duckmäuserischen Christen ist der Psalm 18 meilenweit entfernt. David jubelt, weil er unter einem weiten Himmel sicher ausschreiten darf (37). Türmen sich Hindernisse auf, springt er mit seinem Gott über Mauern (30). Gott hat keine Angst vor starken und neugierigen Menschen. Daran erinnert uns der Psalm 18. Jesus, der seine Jünger Vergebung und Feindesliebe lehrt, scheut vor Streitgesprächen und klaren Worten nicht zurück. Paulus, der Gottes Kraft in der Schwachheit erlebt (2.Kor.12,10) geht mutig meilenweit für das Evangelium. Weit Ausschreiten könnte heissen, dass wir staunend die ganze Welt Gottes entdecken, Ideen haben und neue Gedanken denken. Dass wir uns als Kirche nach vorne träumen anstatt alten

Zeiten nachzutrauern. Statt über Mauern springen wir vielleicht über unseren Schatten, überwinden mit Gottes Hilfe alten Hader, den Zwang zum Recht-Haben-Müssen aber auch Mauern von Minderwertigkeit.

Kämpfen. Es gibt sie, die Kämpfernaturen, die noch so gern einen Streit vom Zaun brechen. Und es gibt sie, die labilen Menschen, die ihr schwaches Ego mit agressiven Phantasien zu stützen versuchen. Kämpfen in diesem Sinn hat etwas Zerstörerisches. Ich nehme mir Raum auf Kosten anderer. Ich schreite nicht nur aus, sondern trample nieder.
Der gekreuzigte Christus unterläuft diese Muster. Er überwindet in der Kraft der Liebe. Unter diesem Vorzeichen bekommt das Wort Kämpfen eine andere Note. Ich denke an Männer und Frauen die so kämpfen: Für eine gefährdete Ehe, für gerechtere Zustände, für Kinder, die schutzlos sind. Liebe macht nicht passiv sondern erfinderisch. Ich denke an Kirchgemeinden und Werke, die den weiten Raum der Versöhnung von Christus aktiv gestalten, die phantasievoll dem Bösen das Wasser abgraben, den Feinden des Lebens die Stirn bieten, manchmal spektakulär, manchmal leise und beharrlich. Etwas vom offensiven Geist des Psalm 18 weht mich darin an.

Geliebt - Sein: Gott hat Gefallen an mir, sagt uns David (V.20) Dies kann arrogant wirken aber auch eine grosse Zuversicht verströmen. Gott hat Gefallen an mir gefunden, eine andere Erklärung gibt es nicht für meine Befreiung. Weil ich es ihm wert bin, hat er Himmel und Erde in Bewegung gesetzt und seinen Sohn Jesus Christus gesandt. „Alles für mich!“ Weil er Gefallen an mir hat stellt er mich auf sicheren Boden, lehrt mich zu Kämpfen und lehrt mich Nachzugeben. Als geliebter Mensch, darf ich etwas wagen und weit ausschreiten. Und als geliebter Mensch finde ich die Kraft um zu verzeihen und zu vergeben.

MEDITATIONEN ZUM PSALTER III

"Lass dir die Worte meines Mundes gefallen, und das Sinnen meines Herzens gelange zu dir, HERR, mein Fels und mein Erlöser."
Psalm 19,15

„Lass dir wohlgefallen die Rede meines Mundes und das Gespräch meines Herzens vor dir, HERR, mein Fels und mein Erlöser" (Lutherbibel) – dieses Psalmenwort wird in der anglikanischen Kirche manchmal unmittelbar vor der Predigt gebetet.
Kein Wunder, denke ich, in einer Predigt kommt es auch wirklich drauf an. Die Worte sollen ankommen, aufmuntern und aufrütteln, Gutes bewirken und Mut machen. Allein mit einem Redeschwall ist es nicht getan.
Darum beeindruckt mich dieses Gebet: Die Vorbereitungen sind beendet. Die Worte sind aufgeschrieben. Trotzdem wird kurz innegehalten, um Gottes Segen gebetet.
Nicht nur vor einer Predigt ist dieses bewusste Innehalten wichtig und heilsam. Es gibt Gespräche, wo die rechten Worte manchmal schwer zu finden sind und doch so dringend gebraucht werden: Bei einem Trauerbesuch. Bei einem Vorstellungsgespräch. Wenn Kritik nötig ist. In einer offenen Aussprache. Aber auch, wenn wir einem lieben Menschen zu sagen versuchen, dass wir ihn gern haben. „Lass dir wohlgefallen die Rede meines Mundes..."

Heute Abend ist wieder Chorprobe. Wir üben „Die Schöpfung" von Haydn. So richtig begeistert und voll tönt es beim berühmten Satz „Die Himmel erzählen die Ehre Gottes". Es ist der Anfang des gleichen Psalmes 19. Vom Reden, Erzählen, Verkünden und Sprechen ist die Rede und den Anfang macht nicht

der Mensch mit seinen Worten sondern die Natur! Himmel und Erde, Tag und Nacht, die frühen Werke von Gottes Schöpfung preisen Gott und erzählen einander von seinen Schöpfungstaten. Es sei „ohne Sprache und ohne Worte“ und „unhörbar“, sagt uns der Psalmendichter. Aber ihr Reden geht bis ans Ende der Welt.
Die Schöpfung lobt und preist Gott - der Wind, der durch die Bäume streicht, der Regen, der aufs Dach trommelt, die Sonne, die alles wieder zum Leben erweckt. Einfach nur durch ihr Dasein. Können wir es hören? Stimmen wir mit ein?

„Gefällt es dir?“ fragt mich die neunjährige Tochter meines Cousins. Sie hat für mich einen Schlüsselanhänger gebastelt und erforscht aufmerksam und angespannt meine Reaktion. Freue ich mich? Oder verstehe ich am Ende gar nicht, wofür dieses Ding gut ist?
„Lass dir wohl gefallen…“ betet der Psalmendichter. Wohlgefallen heisst anerkannt werden, freudig angeschaut werden, bestätigt werden von einem Du, nicht nur für das, was wir gemacht haben, nein viel tiefer, für das was wir zuinnerst sind. Schon das kleine Mädchen merkt, dass dieses Wohlgefallen nicht selbstverständlich ist. Wir machen als Menschen die Erfahrung, dass wir auch zurückgewiesen werden – unser Werk wird verworfen. Unsere Worte werden nicht gehört oder missverstanden. Ein ähnliches Zögern merke ich in den Worten des Psalmendichters: „Lass es dir wohlgefallen…“

„Lass dir wohlgefallen die Worte meines Mundes und das Gespräch meines Herzens“. Was auf den ersten Blick etwas umständlich anmutet, wie ein Kammerdiener der vor seinen Herrschaften komplizierte Bücklinge macht, hat einen nachdenklichen Ton. Der Psalmenbeter redet ein paar Verse weiter oben über seine verborgenen Fehler und Sünden. Er deutet an, dass es schwierig sein kann, nach Gottes Geboten zu leben. Dann sind da „die

Stolzen“, die die Oberhand gewinnen können, rücksichtslose Menschen. Von innen und aussen wird unser Verhältnis zu Gott getrübt und bedrängt und damit auch das Gespräch mit Gott. Die Sonne scheint einfach und der Wind weht – zur Ehre Gottes. Mit uns Menschen scheint es etwas komplizierter zu sein. Die Bitte um Gottes Wohlgefallen ist darum mehr als eine höfliche Floskel.

Die „Rede des Mundes“ und das „Gespräch des Herzens“ werden besonders Gottes Wohlgefallen anbefohlen.
Manchen Menschen geht sofort das Herz auf, sie reden fürs Leben gern, können farbig ihre Erlebnisse schildern und lieben es, sich mitzuteilen. Andere gehören eher zu den Stillen im Lande. Es ist ihnen kaum etwas zu entlocken, sie reden nur fürs Nötigste und hören lieber den anderen zu. Gott achtet auf beides: auf das, was in Worten nach aussen dringt und auf das, was andere hören. Auf das was wir schnell daherreden oder nach langem Abwägen vorbringen. Aber auch auf das, was im Herzen bleibt, was wir selber noch gar nicht in Worte fassen können. Zum „Gespräch des Herzens“ gehören für mich auch alle Gefühle, heftige und unklare, unser Grübeln über den Sinn einer Sache und unsere Wünsche, die sehnlichen und die verworrenen. Die inneren Gespräche, die wir mit abwesenden Menschen führen, gehören dazu und die Zwiesprache, die wir mit uns selber halten. All dies wird Gottes Wohlgefallen anbefohlen.

Von göttlichem Wohlgefallen ist auch im Neuen Testament die Rede. Nicht Himmel und Erde aber „himmlische Heerscharen“ singen in der Weihnachtsgeschichte Gottes Lob: „Ehre sei Gott in der Höhe“ singen sie „und den Menschen ein Wohlgefallen“. (Lukas 2,14 nach Luther) Und als Jesus im Jordan getauft wird, ertönt eine Stimme aus dem Himmel: „Du bist mein geliebter Sohn, an dir habe ich Wohlgefallen.“(Lukas 3,22) Jesus lebt auf dem festen Boden von Gottes Wohlgefallen. Er weiss, dass er von Gott freudig angesehen wird, mit einer Liebe, die stärker ist als der Tod. Durch ihn gilt dieser Zuspruch auch uns: Die heilsamen und die verletzenden Worte, das leere Geschwätz und das freundliche Zureden, das bockige und das wohltuende Schweigen finden einen Zufluchtsort in Gottes Wohlgefallen.

Glücklich, wer im Vertrauen auf den rettenden Gott sein Reden, Denken und Fühlen Gottes Wohlgefallen anbefiehlt. Dieses Vertrauen strahlt im Psalmvers selber auf: „Herr mein Fels und mein Erlöser", so redet der Beter seinen Gott an. Er macht uns vor, wie wir diesen Ort der Zuflucht aufsuchen können: Vergib mir! Bewahre mich! Lass wohl gefallen! lautet sein Gebet. Weil Gott der treue und starke Fels ist, ist das Gespräch unseres Herzens sicher gehalten. Und wenn Gott unsere Verstrickungen löst, wird auch unsere Zunge gelöst: Wir können wieder einstimmen in das Loblied der ganzen Erde: strahlen wie die Sonne, Frucht bringen wie die Erde, singen wie die Vögel, staunen wie Kinder.

MEDITATIONEN ZUM PSALTER IV

„Gebt dem HERRN die Ehre seines Namens, werft euch nieder vor dem HERRN in heiliger Pracht."

Psalm 29,2

Wiederholung: Kennen Sie den Bolero von Ravel? In diesem berühmten Musikstück bekommt man die immer gleiche kurze Melodie zu hören, die aber unzählige Male variiert wird. Verschiedene Musikinstrumente intonieren das Thema, wieder und wieder. Das Stück fängt ganz leise an. Am Schluss ist die Musik so laut, dass einem die Ohren dröhnen. Man spürt geradezu die Lust des Komponisten am Ausprobieren all dieser Klangfarben und Töne.

Man spürt die Begeisterung über diese eine, kurze Melodie. Ohne zu ermüden bringt der Komponist sie zum Erklingen, immer neu, immer wieder. Der Psalm 29 mutet ein bisschen an wie ein Bolero. In immer wieder neuen Farben und Klängen variiert er kurze Sätze über die mächtige Stimme Gottes. Auch hier kracht und tost es zuweilen gewaltig. Und genauso wie Ravel's Stück kann dies etwas Irritierendes und Nerviges haben. Aber auch hier spüren wir dieselbe Begeisterung und Unermüdlichkeit. Noch einmal und noch einmal wird beschrieben wie mächtig und herrlich Gott ist. Vielleicht haben Sie am heutigen Sonntag ja Zeit um hineinzuhören in diesen Bolero?

Faszination: Ein Familienmitglied ist von den Ferien heimgekommen und zeigt Fotos. Traumhafte Strände und malerische Städtchen bekommen wir zu sehen. Und dann fing der Tourist noch ein besonderes Schauspiel ein mit seinem Handy: Er hat einen Waldbrand gefilmt, gleich hinter dem Ort, wo er sich aufhielt. Gebannt schauen wir zu, wie die Feuerflammen auflodern und sich in Windeseile durch den Wald fressen. Grosse, starke Bäume explodieren mit einem lauten Knall. Funken sprühen, dichter schwarzer Rauch steigt auf. Im Meer spiegelt sich der rote Feuerschein. Eine schlimme und gefährliche Szene, gewiss, aber Hand aufs Herz, ist es nicht auch faszinierend? Wir sind nur noch selten mit solchen ungebändigten Naturgewalten konfrontiert. Und wenn, würden wir sie mit Gott in Verbindung bringen?

Macht: Der Psalmbeter scheint geradezu eine Schwäche zu haben für solche gewaltigen Szenen. Und er bringt Gott nicht nur damit in Verbindung, er lässt Gott den Grund davon sein. Gottes Stimme, so lässt er uns wissen donnert über den Wassern. (3) Gottes Stimme zerbricht die stärksten Bäume wie Streichhölzer.(5) Gottes Stimme sprüht Feuerflammen und lässt die Wüste beben. (7 und 8). Wir bekommen die Vorstellung von einem lauten Dröhnen, das die Hirschkuh vorzeitig niederkommen lässt und einem starken Sturm, der die Bäume entlaubt. (9) Es sind teilweise Katastrophenbilder. Faszinierend, gewiss, aber auch unheimlich. Ist dieser Gott auf Zerstörungstour? Oder sind möglicherweise meine Bilder von Gott zu harmlos?

Stärke: Dieser Gott ist nicht ungefährlich. Und er ist stark. Kinder im Sandkasten prahlen noch unbefangen mit ihren starken Vätern und klugen Müttern. So wie das kleine Mädchen in einem Restaurant in Südfrankreich. Es kam einfach so an unseren Tisch, deutete auf seine Eltern und rief eins übers andere Mal: „Das ist mein Papa und meine Mama!" Solch eine kindliche Freude schlägt mir aus dem Psalm 29 entgegen: Schaut und hört einmal, was mein grosser Gott alles kann! Ich merke, wie diese Unbefangenheit und Freude an Gottes Stärke einige Hindernisse in mir überwinden muss. Vielleicht mischt sich beim nächsten Sturmwind oder beim Anblick meterhoher Flutwellen am Meeresstrand eine Prise solcher Freude in meine Faszination: „Die Stimme des Herrn über den Wassern!" (V.3)

Gebändigte Gewalten: Der Psalm beginnt mit der Aufforderung Gottes Stärke und Majestät anzuerkennen „Gebt dem HERRN die Ehre seines Namens, werft euch nieder vor dem HERRN in heiliger Pracht" (2). Aber angesprochen sind nicht Menschen sondern...Götter! In heiliger Pracht, sozusagen in vollem Ornat sollen sie den anbeten und ehren, der über ihnen allen steht.

Israel kannte nur einen Gott, den einen Schöpfer und Retter. Die Baumgeister, die Donnergötter, die Meerungeheuer der Völker ringsum hatten für das Volk Israel keine eigenständige Macht mehr. Sie sind alle unter der ordnenden und segnenden Hand Gottes. (V.10 und 11). Dort haben sie ein Daseinsrecht. Auch was uns noch so Eindruck macht oder die Sprache verschlägt – es muss sich vor Gott beugen und ihn ehren. Ein kleines Mädchen hat dies während einem Gewitter auf kindliche Art ausgedrückt: „Gell Mama, die Donnerkühe sind im Himmel, aber der liebe Gott ist noch einen Stock höher."

Die Stimme: Ein ungeborenes Kind kann die Stimme seiner Mutter erkennen. Ein Baby hört die Stimmen seiner Eltern, bevor es sie klar sehen kann. Unzählige Stimmen hören wir jeden Tag: Die sachliche Stimme des Nachrichtensprechers, die liebevollen, bittenden, gereizten oder fröhlichen Stimmen unserer Lieben, das Stimmengewirr in einem Restaurant, die Stimme, die aus allen heraus unseren Namen ruft. Und Gottes Stimme? Unser Psalmenbeter vernimmt sie in gewaltigen Naturschauspielen. Der Prophet Elija dagegen wartet vergeblich auf Gott im Sturmwind, Erdbeben und Feuer. Im stillen, sanften Säuseln des Windes hört er Gottes Stimme. (1. Kön. 19, 11-13). Gott lässt sich nicht festlegen. Er begegnet uns überraschend. Aber immer ruft er nach uns mit der Stimme des guten Hirten.

Ehrfurcht: Wie sollen wir Gottes Stärke beschreiben ohne dass Gott wie ein blindwütiger Kraftprotz wirkt? Wie sollen wir Gottes Güte beschreiben, ohne dass Gott zum harmlosen Kumpel wird? In den ‚Narnia'-Büchern zeichnet der englische Schriftsteller C.S. Lewis ein eindrückliches Bild von Gott. Er lässt Christus in Gestalt eines mächtigen Löwen namens Aslan auftreten. Ein Junge beschreibt, wie er nach einer durchrittenen Nacht dem Löwen begegnet, dessen goldenes Fell leuchtet wie die Sonne. Er sagt er hätte sich so sehr gefreut wie man sich nur freuen kann, wenn man von grosser Furcht ergriffen ist. Und gleichzeitig hätte er sich so sehr gefürchtet, wie man sich nur fürchten kann, wenn man von grosser Freude erfüllt ist. Das Staunen über Gottes Grösse und die Freude an Gottes Nähe bewirkt, dass wir voller

Ehrfurcht stehenbleiben und Ihm, unserem Gott die „Ehre seines Namens“ geben. (V.2)

MEDITATIONEN ZUM PSALTER V

„Wo ist dein Gott?“

Psalm 42, 4 und 11

„Wenn die Not am grössten dann ist Gott am nächsten“. So sagt es der Volksmund und viele Menschen können dies dankbar bezeugen.
Von bedrängender Not ist auch im Psalm 42 die Rede: Der Beter erwähnt Feinde und böse Menschen, Tränen und Traurigkeit. Aber mitten in dieser grossen Not scheint Gott nicht nahe sondern fern zu sein. Ausgerechnet jetzt, wo seine Nähe so dringend gebraucht würde! Es ist wie bei einer Hirschkuh, die auf der Suche nach Wasser ist. Aber wo sonst frisches, erquickendes Wasser sprudelte ist momentan nur ein staubiges Bachbett anzutreffen, ausgetrocknet in der Sommerhitze. (V.1)
Wie ein verdurstendes Tier, das die Quelle nicht mehr findet, so suche ich dich, mein Gott.

Sie war ihr Leben lang eine tief gläubige Frau, die lebte, was sie glaubte und auch Worte fand dafür. Nun hat die Diagnose „Krebs“ sie überfallen und der Boden erbebt unter ihr. „Jaja, auch die ganz Frommen bekommen es mit der Angst zu tun, wenn es ums Sterben geht“, sagt die Nachbarin mit einer leisen Spur von spöttischer Genugtuung in der Stimme. „Wo ist er nun, dein Gott?“ „Wie steht es nun um deinen Glauben“? Solche Fragen können quälend nagen in einer notvollen Situation. Nicht immer kommen sie von aussen. Unser Inneres kann sie uns ebensogut vorhalten. Der Psalmenbeter nennt sie „Mord in meinen Gebeinen“ (V.11). Es geht ihm ans Mark, er wird innerlich aufgefressen davon. War denn alles nur eine Illusion? Ein Selbstbetrug?

Der Psalmenbeter versucht an Gott zu denken, sich selber Mut zu machen. Aber es ist nicht einfach. Zuversicht und tiefe Verzagtheit wechseln sich ab. Wie Meereswogen, die über einen hinwegrollen, kommen die Ängste und seelischen Tiefs immer von neuem. (V.8)
Als Kindergartenkind lernte ich erstmals das Meer kennen. Neugierig tapste ich in das riesige Wasser hinein – und war ganz unvorbereitet dafür, dass mich eine wilde Atlantikwelle umwarf. Kaum war ich aufgestanden, riss mich schon die nächste mit. Eine bedrohliche Sache. Zwischen zwei Wellen schrie ich aus Leibeskräften nach meinen Eltern. Wunderbarerweise lässt es sich auch der Psalmist nicht nehmen mit ganzer Kraft zu dem fern und fremd gewordenen Gott zu rufen, der trotz allem der „Gott seines Lebens" ist (V.9).

Zu Gott schreien, selbst dem fernen Gott ist eine Form von Glauben. Aber es braucht Kraft. Mancher verstummt in seinem grossen Schmerz. Manche findet keine Worte mehr angesichts von Gottes Schweigen. Der Psalmbeter erinnert sich wehmütig an die früheren Pilgerfahrten zum Tempel. In der Gemeinschaft mit anderen hat er Gott gelobt und gepriesen. (V.5) Das Nacherleben jener Zeiten gibt ihm bei aller Trauer auch Mut. Die Gemeinschaft mit anderen, zum Beispiel im Gottesdienst kann eine grosse Hilfe sein in Krisenzeiten. Ich darf mich ein Stück weit vertreten und tragen lassen von anderen. Ich werde mitgenommen, auch wenn ich vielleicht durch eine Zeit der „Gottesverfinsterung" gehe. Wo ist dein Gott? Er ist im Loblied meiner Geschwister. Er ist im Danken und in der Fürbitte meiner Schwestern und Brüder.

Die Gottesverfinsterung in grosser Not oder manchmal auch die Gottesverfinsterung ohne äussere Not – sie ist auch Menschen nicht erspart geblieben, die in einer engen Beziehung zu Gott lebten. Oder spürten sie sie gerade darum umso schmerzhafter? Die Psalmen reden davon. Aus Mutter Theresa's Tagebüchern erfuhr man nach ihrem Tod, dass sie unter solchen Zeiten sehr gelitten hatte. Ja, diese Finsternis lag auf Jesus Christus, dem geliebten Sohn, als er am Kreuz starb.
Ein Mensch, der mit solchen Zeiten Erfahrung hatte gibt den Rat „im Dunkeln nicht zu vergessen, was man im Licht gesehen hat."
Wir müssen die Dunkelheit nicht schönreden. Wir können sie nicht wegreden. Aber wir können daran festhalten: Ich habe Licht gesehen. Ich war unterwegs mit Gott und habe sein Heil und seine Hilfe gespürt.
„Des Nachts ist sein Lied bei mir" sagt der Psalmist (V.9). Er singt im Finstern von dem, was er am Tag erlebt hat. Er erinnert sich ganz bewusst.

Jemand erzählte mir, wie sie in einem grossen herrschaftlichen Park spazieren ging. Aber statt im Uhrzeigersinn, wie es vorgesehen war, schritt sie im Gegenuhrzeigersinn den Pfad ab, der durch den Park führte. Immer wieder begegneten ihr daher Pfeile, die in die Richtung deuteten aus der sie kam. Das war merkwürdig, aber bestätigte ihr natürlich auf eine Art, dass sie noch auf dem rechten Weg war.
Die Wegmarkierungen, die nach hinten deuten, können uns gleichzeitig den Weg nach vorne bahnen. Aus unserer eigenen Geschichte mit Gott können wir Hoffnung schöpfen für die Zukunft: „Denn ich werde ihn wieder preisen..." (V.6 und 12) Und unvergleichlich mehr weisen die Pfeile, die auf Jesus Christus deuten, auf das was er in der Vergangenheit für uns tat, nach vorne: So ist Gott. Hier haben wir "sein Angesicht geschaut" (V.3). Das gilt, für alle Zeiten. Der Gott, der uns in der Vergangenheit begegnet ist kommt uns auch in der Zukunft entgegen. Dies gibt Kraft, beharrlich einen Fuss vor den

anderen zu setzen. „Harre auf Gott, meine Seele“ sagt der Beter in liebevollem Selbstgespräch. (V.6 und 12)

Felix Mendelssohn hat den 42. Psalm wunderschön vertont. Ich erinnere mich an eine Aufführung unseres Kirchenchores. Zwischen dem zweiten und dritten Konzert erreicht mich die Nachricht, dass ein Gemeindeglied gestorben ist, nach einem unsagbar schweren Todeskampf. Die Witwe weint am Telefon. Und auch mir ist es ums Heulen bei der letzten Aufführung. Hohl und abgegriffen kommt mir alles vor, die Worte, die Töne. Wo ist er nun, dein Gott, in solchem unbegreiflichen Leiden?
Gegen den Schlusschor hin geschieht es, ich weiss nicht wie. Es ist als ob ein Sonnenstrahl die Wolken zerreisst. Ich glaube von Herzen, was ich singe: „Denn ich werde ihm noch danken, dass er meines Angesichts Hilfe und mein Gott geworden ist.“
Ja, wir werden ihm noch danken. Jetzt schon immer wieder und ganz sicher am Ziel, wenn wir „ganz erkennen werden, wie ich ganz erkannt worden bin“. (1 Kor.13,12b)

MEDITATIONEN ZUM PSALTER VI

„Aus aller Not hat er mich errettet, und an meinen Feinden weidet sich mein Auge“.

Psalm 54, 9

Letzthin verbrachte ich zwei Stunden am Telefon mit einer guten Freundin. Wir hatten lange nichts mehr voneinander gehört und die Zeit verging wie im Flug mit Erzählen und Zuhören. Ganz anders verlief ein Anruf, wo ich mitten in der Nacht die Ambulanz alarmieren musste. Kurz und knapp versuchte ich das Problem zu schildern. Ich beschrieb, wo wir wohnten. Und natürlich

unterstrich ich die Dringlichkeit der Lage. Am Schluss bedankte ich mich bei den Sanitätern, als ob sie schon gekommen wären.
Beim Beten gibt es so verschiedene Situationen wie beim Telefonieren. Es gibt lange Gebete, wo das Herz überfliesst. Es gibt Stossgebete, die Notrufen gleichen. So wie der Psalm 54. David fleht Gott um Hilfe an (V.3 und 4) und schildert kurz und knapp seine Lage. (V.5). Er drückt sein Vertrauen auf Gott aus (V.6 und 7). Am Schluss bedankt er sich und verspricht ein Opfer, als ob Gott schon geholfen hätte (V.9).

Grosses Vertrauen spricht aus dem letzten Satz: Aus aller Not hat er mich errettet (V.9a). So sicher wie die Sanitäter kommen, um den Kranken ins Spital zu bringen, so sicher wird Gott handeln. Alles wird gut. Die Schlucht, die sich verengt hat, dass es kein Durchkommen mehr gibt, wird weit werden. Aus Verzweiflung wird gelöste Gelassenheit werden. Was jetzt dem Betenden über dem Kopf zusammenschlägt, das wird er nach manchen Übersetzungen „von oben“ ansehen, gewissermassen aus der Vogelschau. Aber nun geht es nicht einfach um eine Not sondern um Feinde. David fordert Gott unverblümt dazu auf, seine Feinde zu vernichten (V.7b). Er will triumphierend auf seine geschlagenen Gegner herabsehen, sich weiden an dem Anblick. Ist das nun eine grobe Entgleisung? Oder erfrischende Ehrlichkeit?

David's Gebet hat einen ganz bestimmten Anlass, so wie mein Anruf bei der Ambulanz einen ganz präzisen Grund hatte. Einfach so rufe ich dort nicht an. Genauso sind David's Verwünschungen von seinen Feinden eingebettet in eine Situation. Er dichtete sein Gebetslied „als die Sifiter kamen und zu Saul sagten: ‚David hält sich bei uns verborgen'“ (V.2) Ein schmerzlicher und lebensgefährlicher Verrat bildet den Hintergrund zu den Worten des Psalms. Auf der Flucht vor König Saul wurde der junge David beinahe ans Messer geliefert – von genau den Leuten, bei denen er Schutz suchte. (1 Samuel 23:19). Manchmal müssen wir genau hinhören, um die Bitterkeit und Wut in einer Stimme besser einordnen zu können.

David weiss, warum er so redet, wie er redet. Er erklärt seine heftigen Wort und Gefühle, ohne sie zu entschuldigen. Heute, in der tiefen Schlucht, heute, vor der steilen Wand darf er so reden und soll er so reden. Vielleicht können wir von ihm lernen. Vielleicht dürfen wir unsere Gebete ähnlich beginnen: „Von Ernst, als er von einem Tag auf den anderen die Kündigung bekam – weil ein Jüngerer schneller war“. „Von Hanni, als ihre Schwiegermutter sie vor den Kindern abputzte wie ein Schulmädchen – und ihr Mann dazu schwieg.“ „Von Dominik – als die Mitschüler wieder einmal ihn verdächtigten, weil er unbeliebt ist“. „Von Elsbeth – als ihr Vorschlag im Verein mitleidig belächelt wurde und die Präsidentin ihn ein paar Monate später unter Applaus als ihre eigene Idee verkaufte.“

Was tun, wenn wir gedemütigt werden, bedroht, mit dem Rücken zur Wand gedrängt? Menschen entwickeln unterschiedliche Strategien, um damit umzugehen. Manche richten ihre Agressionen gegen aussen, treten selbstbewusst und kämpferisch auf. Sie verletzen, um selber unversehrt zu bleiben. Andere richten die Wut und den Schmerz gegen innen. Sie klagen sich an, verurteilen sich, fallen vielleicht in Depressionen. Sie machen sich klein, um nicht zertrampelt zu werden. Agressionen gegen aussen. Agressionen gegen innen. Beides hat seinen Preis. David scheint einen dritten Weg zu kennen: Er schickt seine Agressionen gegen oben. Er macht seinem Herzen Luft, ohne dass Menschen zu Schaden kommen, eindringlich und unzensuriert.

Ein reinigendes Gewitter für die Seele kann so ein kurzes Gebet sein. Und doch bleibt die Frage, was das praktisch für Folgen hat, wenn jemand seinen Feinden Tod und Vernichtung wünscht. Wenn wir die Geschichte von David verfolgen, entdecken wir Erstaunliches: Der gleiche David, der in Psalmen bittere Verwünschungen gegen seine Feinde ausstiess, hat zweimal das Leben seines Erzfeindes Saul geschont (1. Samuel 24 und 26). Als Saul im Krieg fällt, stimmt David ein bewegendes Klagelied an (2. Samuel 1:17-27). Nein, ein sanfter vergebender Mensch war der kriegerische König David nicht. Aber es gab Monente in seinem Leben, da wuchs er über sich heraus. Da konnte er Nachsicht und Respekt zeigen – selbst seinen Feinden gegenüber. Ein weiser Mensch hat einmal gesagt wir sollen „bei uns anfangen aber nicht bei uns aufhören." Wenn wir Gott gegenüber ehrlich unseren Zorn und Hass benennen heisst das nicht, dass dies unser letztes Wort ist. Seine Gefühle nicht verdrängen ist nicht das Gleiche wie von ihnen versklavt zu werden.

Es ist eine gute Nachricht, dass wir uns vor Gott nicht verstellen müssen. Es ist eine noch bessere Nachricht, dass wir nicht so bleiben müssen, wie uns im Moment zu Mute ist. Und es ist die gute Nachricht des Evangeliums, dass einer ist, der einen Weg gebahnt hat, durch tödlichen Hass zu Vergebung und neuem Leben. David, der Gesalbte Gottes wuchs über sich hinaus, als er seinen Feind verschonte. Jesus, der andere Gesalbte Gottes, öffnete neue Horizonte, als er am Kreuz seinen Feinden vergab. In jedem Abendmahl erinnern wir uns daran, dass auch dieses Gebet in einer konkreten und äusserst schmerzhaften Situation gesprochen wurde: „Jesus, in der Nacht, als er verraten wurde...". Seine Demütigung verhängt sich mit unserer, er steht es durch mit uns, reisst uns vom Tod ins Leben. Mit ihm schauen wir schon jetzt die Erlösung von allem Bösen, nicht aus der Warte von siegreicher Rache, sondern aus der Vogelschau triumphierender Liebe.

MEDITATIONEN ZUM PSALTER VII

„Ich aber will deine Macht besingen und jubeln am Morgen über deine Gnade, denn du bist meine Burg und eine Zuflucht am Tag meiner Not."
Psalm 59, 17

Die Burg

Kürzlich besuchte ich wieder einmal eine Burg. Es war ein besonders schönes Exemplar: Äusserer und innerer Burggraben waren erhalten. Der äussere war sogar noch mit Wasser angefüllt. Dazu kamen zwei Befestigunswälle mit Toren, Umgängen und Schiess-Scharten. Die Burg wurde zu einer Zeit erbaut, als Raubritterheere die Gegend unsicher machten. So eine Burg hat etwas Imposantes. Wer durch diese Tore rannte oder ritt, konnte aufatmen. Er war in Sicherheit. Hinter dem zweiten Wall waren die Wohnbereiche, wo sich das Leben einigermassen geschützt abspielen konnte. „Gott, du bist meine Burg" (V. 10,17,18) sagt David im Psalm 59. Gott, du schützest mich. Bei dir kann ich aufatmen, wieder zu leben anfangen. Mein Leben ist geborgen.

Die Burg

Beim Spazieren auf den Burgumgängen, beim Anschauen der dicken Mauern und Tore wurde die alte Zeit zwar anschaulich für mich. Aber sie blieb mir auch fremd. Etwas Unheimliches hat es ja doch auch, die schwere Eisentür im Tor mit den spitzen Zacken, die Ritzen, durch die heisses Pech auf Eindringlinge gegossen wurde.
Ich kann es mir nicht vorstellen wie das ist, in solch unsicheren Zeiten zu leben. Ich kann es mir nicht vorstellen, wie es ist, sich vor johlenden Angreifern in solch einer Festung zu verschanzen. Und so fremd wie die Burg

und ihre Zeiten kommt mir auf den ersten Blick der Psalm 59 vor. Von Übeltätern und Mördern ist die Rede (V.3), von Feinden und zorniger Vertilgung (V.11.14). Kann ich so etwas mitbeten?
Ich will mich aufmachen und David zuhören, in dem Psalm herumgehen wie eine Besucherin in einer alten Burg.

Ein Hilfeschrei
Einmal mehr gibt David an, in welcher Situation er den Psalm gedichtet hat. (V.1) König Saul hat seine Soldaten geschickt, um David's Haus zu umzingeln. Dabei geht es nicht um Hausarrest. David soll feige umgebracht werden. Von einem Menschen noch, dem er einmal vertraut hat. David fühlt sich unschuldig. Sein eigenes Haus wird zur Todesfalle und in Todesangst stösst er sein Gebet hervor: „Wach auf, komm und sieh!" (V.5) Besonders eindrücklich ist das Bild von den streunenden Hunden (V.7;15): In der Abenddämmerung durchstreifen sie die Stadt, kläffen und knurren auf der Suche nach etwas Essbarem. Ich weiss nicht, wie es ist, wenn einem jemand nach dem Leben trachtet. Aber vielleicht hat in dieser grossen Angst auch meine vergleichsweise kleine Angst Platz?

Am Abend
Die streunenden Hunde, sagt David, kommen am Abend. Sie kommen immer wieder zurück. Vielleicht stehe ich hier still auf meinem Rundgang durch David's Psalm und verstehe. Eine Bekannte, die viele Jahre lang in einem afrikanischen Land als Krankenschwester gearbeitet hat, erzählte mir, dass sie sehr oft in der Nacht gerufen wurde. Nicht immer stellte sich das Leiden als dramatisch heraus. „Aber weisst du" sagte sie „nachts ist alles viel schlimmer." Dies gilt nicht nur für Afrika. Schlaflos im dunklen Zimmer sind wir den knurrenden und beissenden Hunden oft am hilflosesten ausgeliefert. Am Abend überfallen sie uns, die Ängste, die tagsüber nicht so ins Gewicht

fallen. Echte Lasten und eingeredete Probleme. Wir müssen uns nicht schämen dafür. Eine Frau erzählt mir, dass sie für diese Zeiten ein Gesangbuch neben das Bett legt. Oder warum nicht das Psalmenbuch aufschlagen und mit David hoffen: „Der Gott meiner Gnade kommt mir entgegen". (11a)

Verwünschungen

Aus dem Hilfeschrei werden Verwünschungen. (V.11-14) David beklagt an seinen Feinden nebst ihrer Mordlust das Unheil, das ihre Zungen anrichten. Ihr Mund geifert, ähnlich wie die Lefzen der streunden Hunde. Heraus kommen Flüche, Lügen und hochmütige Reden. (V.8;13)
Auch David antwortet mit heftigen Worten. Bildlich gesprochen schiesst er aus dem Inneren der Burg so einiges an feurigen Pfeilen ab: Er kann sich nicht ganz entscheiden ob Gott die Feinde vernichten oder nur versprengen soll, aber Gott soll auf jeden Fall ganze Sache machen. (V.12.14) Es ist ein Nullsummenspiel: Die Feinde oder ich. Beide können nicht gewinnen. Übelnehmen kann ich es David in seiner Bedrängnis nicht. Aber es ist eine Tragik darin: Der Gehetzte fängt an zu hetzen, der Bedrohte fängt an zu drohen. Es gibt keine Zukunft für alle.

Ein Loblied

Ist das alles, dass aus dem Hilfeschrei Verwünschungen werden? Nein, denn David's Psalm endet in einem Loblied. (V.17-18) Der Abend ist vorbei, wo die Gefahr lauert. Es ist Morgen geworden und David singt seinem Gott. Sicher, das Lob ist eng verknüpft mit dem Triumph über die Feinde. Aber mir scheint, dass etwas daran darüber hinausgeht. David steht nicht mehr bei den Schiess-Scharten und feuert giftige Pfeile ab. Stattdessen ist er hoch auf die oberste Burgzinne gestiegen und singt im Licht der aufgehenden Sonne. Der Aufblick zu Gott tut ihm eine neue Welt auf. Er muss sich nicht mehr in die

Feinde verkrallen und wie sie zu knurren und geifern anfangen. Gott hat ihm das Leben erhalten und neu geschenkt. Darüber freut er sich von Herzen.

Die Burg

Eine Burg bietet Schutz. Man kann sich darin verschanzen. Man kann aus ihr heraus zum Angriff und zur Abwehr blasen. Aber vielleicht ist das alles noch nicht das letzte Wort. Bei meinem kürzlichen Besuch auf einer Burg wies im inneren Teil der Anlage ein Schild den Weg zur Kapelle. Sie war gar nicht so einfach zu finden. Durch schmale Gänge musste man sich zwängen und tasten. Besucher, die mir entgegenkamen riefen mir aufmunternd zu: „Es lohnt sich!“ Endlich stand ich in der schlichten, steinernen Kapelle. Durch ein kleines Fenster fiel das Tageslicht. Die hintere Wand war mit einem Fresko des Gekreuzigten bemalt. Ich schaute ihn lange schweigend an. Ob er sich finden lässt, hinter den Schutzmauern und Verteidigungsanlagen, im Innersten von all dem, was uns bedroht und ängstigt? Ich hoffe es und ich glaube es, auch wenn der Weg oft nicht einfach zu finden ist. Aber – es lohnt sich.

MEDITATIONEN ZUM PSALTER VIII

„Gott, du hast mich gelehrt von Jugend an. Bis heute verkünde ich deine Wunder.“

Psalm 71,17a

Alt Werden

Meine ehemalige Schulkameradin, die mich fast 10 Jahre lang nicht mehr gesehen hat, betrachtet mich kritisch von allen Seiten: „Du siehst überhaupt nicht alt aus“, meint sie schliesslich anerkennend. In meinem Bekanntenkreis nähert man sich den vierzig. Nicht mehr jung aber auch noch nicht alt. Aber

offenbar alt genug um sich schon besorgte Gedanken ums Älterwerden zu machen. In unseren Breitengraden ist es selbstverständlich geworden, ein Lebensalter von siebzig, achtzig oder neunzig Jahren zu erreichen. Oft sogar bei guter Gesundheit. Trotzdem fürchtet sich unsere Gesellschaft vor dem Alt Werden.
Die Schönheit verblüht. Die Kräfte nehmen ab. Der Horizont verengt sich. So denken viele.

Schwindende Kräfte

Auch der 71. Psalm redet von geschwundenen Kräften. Wie in so vielen Psalmen wird auch hier von grosser Not, von Anfeindungen und Bedrohungen durch Feinde geredet. Aber nun passiert Solches dem Beter in dem Lebensabschnitt, wo er „alt" geworden ist. Vielleicht hiess Alt Sein vierzig statt achtzig Jahre in seiner Gesellschaft. Die Not ist aber die gleiche: Die Kräfte schwinden, die Verletzlichkeit ist grösser geworden. Angriffe, denen er als junger Mensch noch bestens standhalten konnte treffen ihn nun ungeschützt: „Verwirf mich nicht in der Zeit des Alters, wenn meine Kraft schwindet, verlass mich nicht." (V.9).
Gerade wegen dieser Ungeschütztheit mahnt die biblische Tradition zur Fürsorge und zum Respekt gegenüber der älteren Generation. Daraus ist letztlich unsere gesetzliche Altersvorsorge und viele andere Dienste erwachsen. Gott sei Dank, dass bei uns ein Alter in Würde möglich ist.

Herbst des Lebens

Ein Alter in Würde ist möglich. Manchmal stelle ich mir das Alter sogar sehr schön vor: Als eine Erntezeit, wo man einfahren kann, was durch das Leben hindurch gewachsen ist: Was man beruflich erreicht hat, die Ziele, die sich erfüllt haben, kann einem niemand mehr wegnehmen. Herausforderungen und Kämpfe sind glücklich überstanden, Beziehungen, die das Auf und Ab des Lebens überstanden haben sind stark und gereift. Viele, die heute alt sind können sich auch materiell mehr leisten als in jungen Jahren. Besitz, Vermögen, Erfahrungen, Erlebnisse – sie alle lagern in der grossen Schatzkammer des Alters, bereit um genossen und nochmals verkostet zu werden. Einen schönen, langen, goldenen Herbst, das wünsche ich allen älteren und alten Menschen.

Herbststürme

Aber so schön und genussvoll geht es leider nicht immer zu und her, darum weiss auch der Psalmenbeter. Er muss erleben, dass ihn gerade im Alter nochmals harte Herausforderungen mit voller Wucht treffen. Von einem sonnenbeschienenen goldenen Herbst kann keine Rede sein für ihn. Schon eher erleidet er heftige Herbststürme, die das Laub an seinem Lebensbaum arg zerzausen und sogar Äste abbrechen. In unseren Breitengraden sind dies vielleicht Nöte in der Familie, wo die ältere Generation mitleidet. Oder Schuld und Konflikte, die einem ins Alter folgen. Oder Krankheiten, die nach einem greifen. Es gibt keine magische Altersschwelle, hinter der wir sicher sind vor solchen Krisen. Aber einen Vorteil hat der gealterte Beter: Er hat Erfahrung mit Stürmen. Und er hat wieder und wieder erlebt, wie Gott daraus errettet hat. Darauf verlässt er sich. Daran denkt er, wenn er nun zu Gott ruft: „Der du uns viel Angst und Not hast erfahren lassen, du wirst uns wieder beleben“ (V. 20a).

Sturmerprobt

Nicht abgeklärt ist der alte Beter, jenseits von Angst und Schrecken. Aber er ist sturmerprobt, wie ein mächtiger, alter Baum, der tiefe Wurzeln geschlagen hat. Solche grossen Bäume sind oft ein Orientierungszeichen in der Landschaft. Man sieht sie von weitem. Und so sieht sich auch der Psalmenbeter: Als ein deutlicher Fingerzeig auf Gott hin (V.7). Sein Glaube

ist langsam gewachsen wie Jahrringe an einem Baum. Er ist durch das kindliche Staunen gegangen, durch jugendliche Begeisterung, wohl auch durch manches Zweifeln und Fragen. Es ist etwas vom Schönsten alte Menschen zu treffen, die diese Jahrringe des Glaubens an sich tragen, eine kraftvolle Zuversicht, die nicht mehr von jedem sauren Luft gefällt wird:
„Auf dich habe ich mich verlassen von Mutterleib an" (V.6). Wie Bäume sind sie, in deren Schatten man verweilen kann.

Erzählen

Wer alt ist, hat etwas zu erzählen. Nicht immer ist dies eine gelungene Erfahrung. Da gibt es die Dame im Altersheim, die überhaupt nicht mehr aufhört zu reden und ihr Gegenüber gar nicht wahrzunehmen scheint. Oder da ist der Onkel, der seine Nachkommen bei jeder Gelegenheit mit Erlebnissen aus dem Aktivdienst beglückt, dazu noch mit erhobenem Zeigefinger.
Aber glücklich die alten Menschen, die warten und schweigen können, bis die Jüngeren neugierig werden und fragen. Glücklich, wer erzählen kann, von fernen, versunkenen Zeiten. Glücklich ist, wer von Gottes ewiger Treue berichten kann, die erfahren wurde im eigenen Leben. Dies sieht auch unser Beter als seine Aufgabe im Alter an: „Auch bis ins hohe Alter, Gott, verlass mich nicht, damit ich der Nachwelt deine Taten verkünde" (V.18a).

Schönheit

Nach dem tragischen Tod von Roger Schütz, dem Gründer von Taize, erschien ein Bild von ihm in der Zeitung. Es zeigte das Gesicht eines alten Mannes, voller Falten und Runzeln, die Haare schlohweiss.
Es war ein Gesicht, in das sich Kummer und Nöte eingegraben hatten, eigene und fremde, das sah man gut. Aber es war auch ein Gesicht, aus dem

ein tiefer Frieden strahlte. Etwas sehr Lebendiges blitzte aus den Augen dieses alten Mannes. Es war ein Gesicht, das im Alter jung geworden war. Mir kam es auf eine besondere Art ungemein schön vor.
Ich möchte Ausschau halten nach dieser Art von Schönheit: In Gesichtern, wo sich etwas vom Frieden Gottes spiegelt. In Gesichtern, wo das Evangelium von Jesus Christus Spuren hinterlassen hat. Ich meine fast, das wäre lohnender als im eigenen Gesicht kritisch nach Zeichen des Alters zu suchen.

MEDITATIONEN ZUM PSALTER IX

„Hilf uns, Gott unserer Hilfe, um der Ehre deines Namens willen, rette uns und vergib unsere Sünden, um deines Namens willen."

Psalm 79,9

„Schlimmer kann es nicht mehr kommen. Die fremden Armeen haben die Stadt-meine Heimatstadt- schliesslich überrannt. Die verwinkelten Gassen, die ich so liebte sind nur noch rauchende Trümmer. Gestandene Männer und Frauen, die etwas galten wurden grauenhaft niedergemetzelt. Ihre Leichen liegen herum wie Abfall. Wir können sie nicht einmal ehrenvoll bestatten. Und das Haus Gottes, der prachtvolle, altehrwürdige Tempel, wo ich feierliche Gottesdienste erlebte, ist völlig verwüstet und entweiht." Der Anfang unseres Psalmes mutet an wie eine besonders schlimme Ausgabe der Tagesschau, wo der Redaktor fast nichts am Bildmaterial zensuriert hat. Das Volk Israel ist am Ende. Und ein Klageschrei steigt auf zum Himmel. Einer hat eine Stimme gefunden und erzählt vom Grauen - erzählt es Gott.

In das Grauen mischt sich ein Gefühl von bitterster Schmach. (V.4) Es gehört zu den Schrecken des Krieges, dass die Sieger die Unterlegenen demütigen und auf alle möglichen Arten verspotten und blosstellen. Es braucht nicht viel Phantasie um sich das Gelächter unter den Eroberern und Nachbarn Jerusalems vorzustellen: Der hochheilige Tempel? Na, uns hat jedenfalls niemand daran gehindert in ihm herumzutrampeln. Das auserwählte Volk? Wahrscheinlich war sein Gott gerade kurz auf Geschäftsreise. Und Jerusalem, das von Gott behütet wird? Scheint nicht ganz geklappt zu haben. Die Erde erbebt unter den Überlebenden: Wie soll man sich das alles zusammenreimen?
Es geht hinten und vorne alles nicht mehr auf.

Mitten in die Klage mischt sich lodernder Hass, ein glühender Wunsch nach Rache: Gott, zeig es ihnen, schreit der Psalmenbeter. Solltest du nicht die strafen, die dein Volk so übel zugerichtet haben? (7) Giess doch deinen Zorn lieber über die aus, die dich nicht kennen anstatt über uns (V.6). Lass die Schmach siebenfach auf unsere Nachbarn zurückfallen (V.12)! Im Zuge des arabischen Frühlings konnten wir mitverfolgen, wie das lybische Unrechtsregime ein schlimmes Ende fand. Wir sahen wie sich Wut und Rachedurst so vieler einstiger Opfer in heftigen Explosionen entluden.Wer wollte nicht Verständnis haben für solche Ausbrüche, nach allem, was geschehen ist? Und doch hat es etwas Beklemmendes und Bedrohliches. Und wie ist das, wenn sich ein Volk gar als das Auserwählte versteht? Sind da Unbelehrbarkeit und Arroganz nicht vorprogrammiert?

Aber das scheint nicht die ganze Wahrheit zu sein, dass das auserwählte Volk sich durchs Band weg als die Guten versteht und seine Feinde als die Bösen. In der Mitte des Psalmes werden Fragen von Schuld und Vergebung angesprochen. Zuerst wird noch eher zögerlich von der „Schuld der

Vorfahren“ geredet (8). Aber später lässt der Beter diese Reserve fallen und sagt es direkt: „Vergib unsere Sünden“ (9). Das Eingestehen der eigenen Schuld wischt das Unrecht der Feinde und die Schwere des Erlittenen nicht unter den Tisch. Aber das Schuldbekenntnis behält einen heilsamen Zaun um die Rachegedanken und Klagelieder. Gott verhält sich zu Israel nicht wie manche Eltern, die ihre Kinder vergöttern und jede Kritik an ihrem Nachwuchs empört von sich weisen. Die Schuld auch des auserwählten Volkes wird festgehalten.

Bei alldem könnte der Eindruck aufkommen, dass Gott weit weg im Himmel thront, abwechslungsweise beschützt und straft, tröstet und mit Unheil schlägt, so wie ein kompetenter Bahnhofsvorstand in alten Zeiten, der genau weiss, wann er welchen Schalter umlegen muss. Aber da ist noch ein anderer Ton im Ganzen. Es fängt schon am Anfang an: Gott, *dein* Erbe ist überfallen worden, *dein* Tempel wurde entweiht, *deine* Diener wurden getötet. Gott, du bist doch selber betroffen von dem Schrecken, so sagt es der Beter. „Warum sollen die Nationen sagen: Wo ist ihr Gott?“ (V.10) Unsere Schande ist doch irgendwie auch deine (V.12), weil du beschlossen hast, unser Gott zu sein. Nicht einfach als kompetenter Bahnhofsvorstand wird Gott gesehen sondern als einer, der selber in diesen Zug eingestiegen ist und mitfährt.

Gott hat sich fest an sein Volk gebunden und teilt darum dessen Not und Schmach. Das ist auch der Sinn der feierlichen Wendung „um deines Namens willen“: Gottes Ehre steht auf dem Spiel. Tue es für uns, Gott, sagt der Beter. Und tue es für dich. Fast könnte man solch ein Reden als besonders listigen Schachzug ansehen, um von Gott zu bekommen, was man will. So wie ein schlauer Teenager argumentiert, dass es doch ganz im Interesse der Eltern ist, wenn sie während seiner Geburtstags-Party ausser

Haus sind. Aber ich denke es geht um mehr. Der tiefste Grund um überhaupt Gott um Hilfe anzurufen wird berührt: Weil er nicht einfach eine ferne Gottheit ist sondern unser Gott, darum können wir darauf vertrauen, dass unsere Not ihn nicht kalt lässt. „Hilf uns, unsere Hilfe“, betet der Psalmendichter (V.9).

Es ist im Interesse eines Fahrlehres, dass seine Schülerin die Prüfung besteht. Aber er wird sie darum nicht einfach durchwinken. Gute Eltern sind ihren Kindern auch mal ein kritisches Gegenüber. Aber sie lieben sie durch alle Böden hindurch als ein Stück von ihnen. Diese menschlichen Beispiele sind nur ein schwacher Hinweis auf das Geheimnis, das das Volk Israel und später auch die christliche Gemeinde auszusprechen versucht: Gott ist nicht ein himmlischer Kundendienst, der sich beflissen um die Erfüllung unserer Wünsche bemüht. Gott ist souverän und manchmal zum Erschrecken. Aber Gott hat sich völlig an uns gebunden, in ewiger Liebe und Treue. Durch die schwersten Krisen hindurch ist es in seinem ureigensten Interesse Heil zu schaffen für „sein Volk und die Schafe seiner Weide“ (13). In der Tiefe ist Hoffnung. Paulus drückt es viel später so aus: „Wenn Gott für uns ist, wer kann wider uns sein? Er, der seinen eigenen Sohn nicht verschont, sondern ihn für uns alle dahingegeben hat, wie sollte er uns mit ihm nicht alles schenken?“ (Römer 8,32).

MEDITATIONEN ZUM PSALTER X

„Dies ist der Tag, den der HERR gemacht hat. Wir wollen jauchzen und uns an ihm freuen."

Psalm 118,24

„Dies ist der Tag!"

Diesen Tag hat Gott gemacht, ruft uns der Psalmenbeter zu. Natürlich, denke ich, so wie jeden Tag. Jeder Tag ist von Gott geschaffen. Jeder Tag ist ein Geschenk. Aber offenbar ist hier noch etwas anderes gemeint. Dieser bestimmte Tag ist ganz besonders von Gott gemacht. Es ist ein Freudentag. Ein Festtag. Er trägt Gottes Handschrift. Gott schafft ihn als unvergesslichen und besonderen Tag. Wir wollen ihn auskosten, mehr als andere Tage. Wir wollen ihn herausheben mit einer besonderen Farbe unter all den Tagen in unserem Kalender. Der Psalmenbeter sagt ja zu den Höhen und Tiefen des Lebens. Es gibt Talsohlen. Es gibt Höhepunkte. Nicht ein abgeklärtes, gleichmütiges Hinnehmen von Freud und Leid ist sein Ziel. Sondern das Ausloten von allem, dem Hohen und Tiefen. Dazu braucht es den besonderen Tag. Ein festliches Innehalten.

„Wir wollen uns freuen"

Kann man zur Freude auffordern? Ist das nicht ein spontanes Gefühl, das man hat oder auch nicht? Ja, sicher. Aber damit dieses spontane Gefühl zu einem festlichen Innehalten wird, braucht es einen Entschluss. Der Psalmendichter lädt sich selber und andere ein: Kommt, freut euch mit mir. Lasst für einen Moment das andere stehen. Kommt, hört meine Geschichte an. So zieht die Freude Kreise. Ein weiser Mensch hat einmal gesagt: „Was nicht Gestalt annimmt, geht verloren." Es scheint mir eine Krankheit unserer

Zeit zu sein, dass wir oft keine Zeit haben, um etwas Gutes auszukosten und zu gestalten. Eine Herausforderung ist geschafft, eine schwierige Etappe überwunden, aber schon drängt das Nächste. Auf dem Gipfel angelangt werfen wir oft einen flüchtigen Blick auf das wunderbare Panorama und eilen sogleich weiter. Der Psalmenbeter nimmt sich Zeit. Er findet einen Ort, den festlichen Gottesdienst, wo er seine Freude ausdrücken und teilen kann.

„Rückblick"

Zum festlichen Innehalten gehört der ehrliche und dankbare Rückblick. Dies klingt einfacher als es ist. Da ist ein junger Mann, den eine schwere Krankheit an den Rand des Todes gebracht hat. Wie durch ein Wunder wird er gesund. „Ich will nicht darüber reden. Ich möchte das Ganze möglichst schnell vergessen", sagt er abrupt, als jemand sich mit ihm freuen will. Ich verstehe ihn. Solche Erlebnisse wühlen auf, rütteln an den Grundfesten unseres Vertrauens. Sind wir in den Händen eines willkürlichen und blinden Schicksals? Und warum wurde uns geholfen und anderen nicht? Vielleicht braucht es das Geschenk des Glaubens um den Tiefpunkten des Lebens offen ins Gesicht schauen zu können. Wie der Beter unseres Psalmes. Er spricht von Angst und Bedrängnis. (V.5, 10-12). Er redet nichts schön und erklärt nichts. Auch er kann Gott nicht in die Karten schauen. Er weiss nur: Derselbe Gott, der ihm viel zugemutet hat, hat ihn auch wieder gerettet (V.18). Und er lässt es sich nicht nehmen sich darüber herzhaft und kindlich zu freuen.

„Ausblick"

„Ach, HERR, hilf! Ach HERR, lass gelingen." (V. 25) Dieses flehentliche Gebet folgt unmittelbar auf den beschwingten Aufruf zur Freude. Auch das gehört zum festlichen Innehalten dazu: Der Ausblick auf die Höhen und Tiefen, die noch vor uns liegen. Der besondere, von Gott geschaffene Tag wird auch wieder zu Ende gehen. Das Glück erfahrener Hilfe und Rettung gibt keine Garantie für ein unbelastetes Leben. Und so ertönt dieser Seufzer mitten in all dem Freudengeschrei: Hilf doch, Herr. Aber es ist kein Misston, der die Feststimmung kaputt macht. Sondern die Bitte, dass die Zukunft genauso unter Gottes Hilfe stehen möge, wie das, was hinter uns liegt. Auf dem Gipfel angelangt schaut der Dichter ins Weite, in die steilen Anstiege und schattigen Täler und bittet Gott, bei ihm zu sein.

„Festtage"

Eine Bekannte erklärt mir den Unterschied zwischen einer teuren und einer billigen Perlenkette. Er ist von blossem Auge gar nicht sichtbar. Die teure Perlenkette hat hinter jeder Perle einen winzigen Knoten in der Schnur. Wenn die Kette irgendwo reisst, purzeln nicht gleich alle Perlen davon. Sie sind gehalten. Ist das nicht ein gutes Bild für unser Leben? Wir brauchen das festliche Innehalten und damit unsere Lebensschnur Halt bekommt. Die Freudentage die wir gestalten, prägen das Gute in unserem Leben in unser Gedächtnis ein. Die Dankfeste, die wir feiern, helfen uns, die Güte Gottes in unserem Leben bewusst wahr- zu- nehmen. Damit in einer Krise nicht alles entzwei reisst.

„Festtage"

Als Christen müssen wir uns nicht lange den Kopf zerbrechen über Gründe zum Feiern. Wir haben eine festliche Spur gelegt quer durch das Jahr, wo wir den Weg von Jesus Christus mitgehen. Hier finden wir höchste Höhen und tiefste Tiefen. Da ist der Glanz von Weihnachten, das Kind in der Krippe. Da ist der Abgrund von Schmerz, die Nacht von Karfreitag. Da ist der Ostermorgen, die Überwindung des Todes. Dann die Freude an Pfingsten- Gott schickt uns seinen Geist, wir sind nicht allein. Festtage der Kirche. Festtage für uns. Es lohnt sich, an ihnen innezuhalten. Unser eigener Weg mit seinen Höhepunkten und Schattentälern ist gehalten im Weg dieses Menschen, Jesus Christus. Er geht uns voran und geht neben uns.

„Sonntag"

Eine uralte Hilfe zum festlichen Innehalten ist der Sonntag. Wir kennen ihn als den arbeitsfreien Tag, wo wir Pause machen vom Alltag, Zeit haben für Familie und Freunde. Aber der Sonntag ist noch viel mehr als eine Ruhebank. Er ist gewissermassen eine Aussichtsbank auf dem Höhepunkt der Woche. Er bietet Gelegenheit um zurückzuschauen, zu klagen und zu danken. Und er lädt ein in die Weite zu sehen. Weiter noch als auf die nächste Woche mit ihren Aufgaben. Die Christenheit feiert an diesem Tag die Auferstehung von Jesus Christus. Der Sonntag ist die Einladung auf diesen gewaltigen Berggipfel zu schauen, auf das blendende Weiss nicht des ewigen Schnees aber der ewigen Liebe Gottes, die den Tod überwunden hat. Ich wünsche Ihnen viel Weitsicht!

MEDITATIONEN ZU PAULUS I

„Abraham ist unser aller Vater, wie geschrieben steht: *Zum Vater vieler Völker habe ich dich gemacht* - im Angesicht des Gottes, an den er glaubte, des Gottes, der die Toten lebendig macht und was nicht ist, ins Dasein ruft" (Römer 4, 16b und 17)

Kürzlich bin ich einem Mann begegnet, der unter seinen Vorfahren einen berühmten Dichter hat. Als ich ihn darauf ansprach, ging ein Strahlen über sein Gesicht. Man sah ihm richtig den Stolz auf den begabten Urahnen an. Auf der anderen Seite las ich den Bericht einer deutschen Journalistin, die ihre Erschütterung beschreibt, als sie herausfand, dass ihr Grossvater ein aktiver Nazi gewesen war. Längst nicht alle haben schön gemalte

Stammbäume zu Hause. Die Familienbande sind lockerer geworden.Trotzdem ist es nicht egal, wer zu unseren Vorfahren gehört. Nicht nur unsere Eltern sondern auch die Generationen vor uns haben uns geprägt, uns ein Erbe hinterlassen zum Guten oder Schlechten. Woher komme ich? Wohin gehöre ich?

Als Kind war mein Interesse an den „wahren“ Geschichten erwacht. Wie sah die Welt aus, als meine Mutter zur Schule ging? Was brachte meinen Grossvater zum Lachen? Und stimmt es, dass meine Urgrossmutter ihren Mann im Krieg verlor? Und da gab es noch die Vorfahren von viel weiter zurück. Ich hörte von ihnen in der Sonntagschule: Abraham und Sara, die in ein neues Land aufbrechen und viele Jahre lang auf ihr verheissenes Kind warten. Isaak, Rebecca, Jakob und Rahel. Ganz selbstverständlich nahm ich an, dass dies meine entfernten Vorfahren seien. Mein Schrecken war gross, als mein Vater mir eines Tages erklärte, dass wir als Nicht-Juden keine leiblichen Nachkommen von Sara und Abraham seien. Wieso hat mich dies damals so beschäftigt? Ich denke, dass ich gespürt habe, dass, wer zu Abraham und Sara gehört zu einer besonderen Geschichte gehört: Einer Geschichte von Verheissung und Erfüllung, von Schuld und Vergebung, Segen und Hoffnung. Wenn dies nicht meine Geschichte war, woher kam ich dann und wohin ging ich?

Meine Erleichterung war gross, als mein Vater mir erklärte, dass wir Christen uns durch den Glauben als Abrahams und Saras Nachkommen ansehen dürften. Ähnlich schreibt es Paulus an die Frauen und Männer in Rom, die an Jesus Christus glauben. Manche von ihnen haben einen jüdischen Hintergrund, manche sind aus jüdischer Sicht „Heiden.“ Paulus versichert ihnen, dass sie alle durch den Glauben in den Stammbaum Abrahams eingepflanzt wurden: “Er ist unser aller Vater“ (V.16). Paulus will keine neue

Religion gründen, sondern ist voll freudiger Überzeugung, dass Gott in Christus seine Verheissungen an das Volk Israel erfüllt hat. Diese gute Nachricht verkündigt er Juden und Heiden und lädt sie ein Teil der Christus-Gemeinschaft zu werden.

Aber was gehört alles zu diesem Eingepflanztwerden in die Segensgeschichte von Abraham dazu? Liegt es nicht nahe, dass sich die Männer unter den früheren Heiden beschneiden lassen? Und sicherlich müssen von nun an alle das Gesetz halten? Paulus hält zwar das Gesetz und die Beschneidung der jüdischen Gemeindeglieder in hohen Ehren. Aber er pocht darauf, dass nicht dies unser rechtes Verhältnis zu Gott begründet: Nicht das Gesetz, nicht die Beschneidung und nicht die eigenen Werke. Vielleicht dürfen wir übersetzen: Nicht die Kirchenmitgliedschaft, nicht die zehn Gebote und auch nicht eine christliche Lebensführung. Worum geht es für *mich* zuinnerst beim christlichen Glauben?

Hätte Abraham Gottes Willen treu und vollständig erfüllt, so wäre es nichts als recht, wenn Gott ihm anerkennend auf die Schultern klopfen würde. (V.4) Es wäre eine ebenerdige Gottesbeziehung: Gott gebietet, ich gehorche, Gott ist zufrieden mit mir. Was hat Paulus nur dagegen? Wie schön wäre es doch, ich könnte festen Schrittes durchs Leben gehen, mit der inneren Gewissheit, dass ich das Rechte getan habe und Gott mich voll Wohlwollen ansieht. Paulus erzählt uns an anderer Stelle, dass er tatsächlich einmal auf solchem festen Boden stand, zufrieden mit sich, Gott und der Welt. Als er auf dem Weg nach Damaskus Jesus Christus begegnete, wurde ihm dieser Boden unter den Füssen weggezogen. Alles, worauf er sich verlassen hatte war nun brüchig. (Philipper 3,4-11) Ich denke an Leute, die eine Krise oder eine Krankheit aus der Bahn wirft. Der verlässliche Boden trägt nicht mehr. Warum tut Gott uns das an?

Paulus würde zur Antwort geben: Gott hat mir den Boden unter den Füssen weggezogen um mich fliegen zu lehren. Wie ein Vogel sich von den Windströmungen empor tragen lässt, überlässt sich Paulus nun völlig Gottes Gnade. Anstelle der ebenerdigen Gottesbeziehung in der rechtes Tun belohnt wird und wir ernten was wir säen, lernt Paulus den Glauben Abrahams nachbuchstabieren. Der Glaube Abrahams schaut auf das Unglaubliche. Es ist der Glaube, der fassungslos sieht, dass Gottes Liebe mich trägt, bevor ich etwas richtig mache und mich sucht, nachdem ich alles verspielt habe: „Selig, deren Missetaten vergeben und deren Sünden zugedeckt wurden."(V.7)

Es ist der Glaube, der sich dem Gott in die Arme wirft „der die Toten lebendig macht und was nicht ist, ins Dasein ruft." (V.17) allen Umständen zum Trotz. Es ist der Glaube, der bezeugt, dass Gott über alles Verstehen und Kalkulieren hinaus liebt und rettet.

Gott zieht uns den Boden unter den Füssen weg um uns fliegen zu lehren. „All das, was so wichtig war, der Umbau des Ferienhauses, unser geregelter Alltag, unsere Pläne zählte auf einmal nichts mehr" erzählt ein Mann, dessen Frau durch eine plötzliche Krankheit ans Bett gefesselt wurde. „Aber plötzlich taten sich neue Welten auf. In der Stille und Leere hörten wir ganz neue Töne. Gerade in unserer Hilflosigkeit wurde uns das Leben und unsere Liebe neu kostbar." Nicht immer geschieht dies einfach so. Aber im Sterben und Auferstehen von Jesus Christus wurde dieses Geheimnis in Kraft gesetzt und besiegelt: Gott schafft Neues, wo wir am Ende sind. Jesus ist die Golddeckung von Gottes Verheissungen. Weil er unsere Schuld getragen hat, können wir Gottes Zusage trauen, dass er gnädig ist. Weil er auferstanden ist, können wir vertrauen, dass er neues Leben aus dem Tod schafft (V.25). So werden wir wahrhaftig zu Söhnen und Töchtern Abrahams.

MEDITATIONEN ZU PAULUS II

Denn alles ist euer, sei es Paulus, Apollos oder Kefas,

sei es Welt, Leben oder Tod,

sei es Gegenwärtiges oder Zukünftiges:

Alles ist euer, ihr aber gehört Christus,

Christus aber Gott.“

(1 Korinther 3:22 und 23)

Vorbilder

Ich habe sie alle glühend verehrt als Kind: Die mütterliche und warmherzige Lehrerin in der Schule, die so viel wusste. Den jungen Leiter des Kinderprogramms auf einer Tagung, der sein Namensschildchen lässig am Hosenbein trug. Und die Köchin im CEVI Lager, die nicht nur wunderbare Desserts machte, sondern auch Gitarre spielen und singen konnte.
Ich hätte sie durch alle Böden hindurch gegen Kritik verteidigt. Und von ihnen beachtet zu werden war immer ein grosser Moment. Ich brauchte sie, diese grossen Vorbilder, zu denen ich aufschauen konnte, die mich inspirierten und anspornten. Die mir etwas von ihrem Glanz abgaben und mich wichtig machten.

Idole

Ist es ein Problem Vorbilder zu haben? Ich denke nicht. Wir können nicht nur aus uns selber schöpfen. Wohl uns, wenn wir beeindruckende Persönlichkeiten kennen, die uns positiv geprägt haben auf unserer Lebensreise. In Korinth gab es offenbar eine Reihe solcher Persönlichkeiten: Da war Paulus selbst, der Gemeindgründer. Da war der beredte Apollo. Und auch Kefas wird erwähnt, Petrus, der kernige Jünger, der Jesus persönlich kannte. Sie alle können Kreise von Bewunderern um sich scharen. Aber irgendetwas ist schief gegangen. Paulus kritisiert das Verhalten der Korinther als irdisch und menschlich-allzu menschlich (3). Die Vorbilder sind zu Idolen geworden, zu richtigen Halbgöttern. „Ich gehöre zu Paulus", sagen einige Korinther (4). Die Vorbilder machen ihre Identität aus. Ihr seid wie unmündige Kinder (1b), schimpft Paulus. Vielleicht dachte er damit an ähnliche Erfahrungen, wie diejenigen, die ich oben geschildert habe: Ein Kind neigt dazu, seine Vorbilder in den Himmel erheben und sich in ihrem Glanz sonnen, um selber wichtig zu sein.

Spaltpilze

Was für ein Kind in Ordnung ist, wirkt bei einem Erwachsenen unreif. Vorbilder zu Idolen zu machen spaltet darüber hinaus die christliche Gemeinschaft. Ist das alles weit weg und betrifft uns nicht? Oder sieht es manchmal so aus: Da hat jemand die komplette DVD-Sammlung des worgewaltigen Predigers Hentzelmann. Eine andere schwärmt von den tiefgründigen Gedichten der Mystikerin Eloide. Noch andere pilgern regelmässig zu Bruder Odekar ins Kloster zu den sieben Linden. Oder ins Stadion zu den Veranstaltungen von Heilungsevangelist Joshua Getwell.

Eigentlich alles kein Problem...ausser dass es so oft spaltet und entzweit. Des einen Idol ist des anderen Reizwort. Es genügt oft, solch einen Namen in den „falschen" Kreisen fallen zu lassen, damit sich Reserviertheit bis Kälte ausbreitet. Ist Ihnen das auch schon passiert, dass Sie lieber mit jemandem zu tun haben, der gar nichts glaubt, als mit einem Mitchristen, der den falschen „Stallgeruch" hat? „Ich gehöre dem Apollo..."

Diener

Was tun, wenn Vorbilder zu Idolen und Spaltpilzen werden? Der gut schweizerische Weg wäre wohl, darauf hinzuweisen, dass auch die beeindruckendsten Persönlichkeiten ganz normale Menschen sind, die

Fehler machen. Wir haben von Haus aus eher eine Abneigung gegen Könige, Stars und Gurus. Paulus scheint dies zunächts auch zu machen: „Was ist Apollo? Was ist Paulus?“ fragt er. „Diener, durch die ihr zum Glauben gekommen seid.“ (5). All diese Vorbilder haben ihren Platz auf der grossen Baustelle des Reiches Gottes. Das gibt ihnen eine besondere Würde aber nimmt sie auch in die Verantwortung. Gott wird ihr Werk am Ende streng und gerecht beurteilen (11-15). Es wäre allerdings verkehrt, wenn unsere Verehrung für besondere Vorbilder nun in Verachtung umkippen würde. Paulus geht es keineswegs darum, inspirierende Persönlichkeiten lächerlich zu machen. Er hat einen anspruchsvolleren Weg bereit.

Tempel

Mir scheint, dass Paulus den Hebel nicht nur bei den christlichen „Stars“ ansetzt, sondern ebenso bei ihren gläubigen Bewunderern. Er holt nicht einfach die Gurus vom Sockel, sondern rückt die Gemeindeglieder ins rechte Licht.

„Wisst ihr nicht, dass ihr Gottes Tempel seid und Gottes Geist in euch wohnt?“ (16) ruft er ihnen zu. „Der Tempel Gottes ist heilig - und das seid ihr!“ (V.17). Mir scheint, Paulus legt den Finger auf das Kernproblem: So oft brauchen wir Idole, weil wir uns selber als kleine Wichte fühlen: Halt nicht so gebildet. Halt nicht so geistlich. Halt nicht so erfolgreich.

Paulus dreht den Spiess um: Ihr seid doch die Hauptsache, liebe Korinther! Um euch geht es in erster Linie. Ihr sollt nicht Menschen als unfehlbar und heilig verehren, sondern ihr seid selber heilig. Darum geht es: Dass wir als Einzelne und miteinander Gottes Licht und Liebe ausstrahlen. Dass wir Gottes Tempel sind, der Ort auf Erden, wo seine Gegenwart erfahrbar wird. Dies ist eine grosse und anspruchsvolle Berufung. Kein Wunder, dass wir sie oft lieber einigen auserwählten Vorbildern in die Schuhe schieben.

Freie

Aber Paulus schiebt den Korinthern ihre Berufung hartnäckig wieder zu. Er dreht die Perspektive der Korinther radikal um: Vorher waren sie bildlich gesprochen kleine Ameisen, die zu den Stufen eines Tempels hochkrabbelten und ehrfürchtig zu den Statuen hochsahen. Statt dessen sollen sie sich als kostbare Steine in einem Tempel betrachten, der auf einem Hügel thront und von wo man weit ins Land sieht. In einem atemberaubenden Satz sagt es Paulus so: Alles gehört euch: Leben und Tod, Zukunft und Vergangenheit. Die ganze Welt gehört euch und alle Vorbilder dazu (22). Königlich freie Menschen sollen die Korinther sein, die besondere Vorbilder dankbar als Baumeister und Handwerker sehen, als Diener Gottes für sie. Hört auf, mit dem Evangelisten Getwell herumzuprahlen, sagt Paulus.(21) Hört auf, euch euren Lebenssinn von Bruder Odekar geben zu lassen, eure Sicherheit in Prediger Hentzelmann, euer Heil in der Mystikerin Eloide zu suchen.

Ihr gehört nur einem: Jesus Christus und durch ihn zu Gott. (23) Er fügt uns zusammen zu einem kostbaren Tempel, zu einer Gemeinschaft von Menschen, die sich sonst nie gefunden hätten.

MEDITATIONEN ZU PAULUS III

„Darum, meine Brüder und Schwestern: Wenn ihr zum Essen zusammenkommt, wartet aufeinander!“

1.Korinther 11:33

“Geben Sie am Sonntag auch das Nachtmahl aus, Frau Pfarrer?“ – so fragte es mich vor Jahren einmal eine Frau. Und ihr erleichterter Seufzer war fast hörbar, als ich verneinte. Das „Nachtmahl“ oder „Abendmahl“ war dieser Frau offenbar nicht ganz geheuer. Eine andere Frau war sichtlich bewegt nach einem Abendmahlsgottesdienst für Kinder: Alle standen im Chorraum in zwei grossen Kreisen standen und die Kinder teilten fröhlich und ernsthaft ihre selbstgebackenen Brote aus. Es sei ihr zum ersten Mal so richtig wohl gewesen, gestand sie mir. Denn eigentlich sei für sie das Abendmahl immer ein wenig etwas Schweres und Dunkles gewesen. Es wäre nun spannend, die Abendmahlserfahrungen der Leserinnen und Lesern dieser Zeilen zu hören. Ob dieses Mahl ein liebgewordenes und stärkendes Ritual ist. Oder ob es auch etwas eher Beklemmendes hat.

Falls das Abendmahl für Sie etwas Beklemmendes hat, ist Paulus wohl nicht ganz unschuldig daran. Im 1. Korintherbrief spricht er harte und zornige Worte: Wer das Brot und den Kelch unwürdig empfängt, macht sich schuldig am Leib und Blut des Herrn (V.27) sagt er. Und das ist offenbar in Korinth geschehen. Genau darum sind so viele Gemeindeglieder krank geworden oder sogar verstorben, sagt Paulus. Die reformierte Tradition nahm diese Worte sehr ernst. Gross waren die Bedenken, dass das Abendmahl magisch verstanden werden könnte. Auf keinen Fall durfte es zu einem gedankenlos gefeierten Ritual werden. Stattdessen soll es als ganz bewusst begangener Bundesschluss gefeiert werden. Darum gehörte lange Zeit auch eine ehrliche Gewissenserforschung dazu. Aber was, wenn das Abendmahl dadurch dunkel und schwer wird?

Wahrscheinlich war das Abendmahl zur Zeit des Paulus noch nicht ein so festes Ritual wie bei uns. Man kam in einem Privathaus zusammen, ass und trank und im Lauf der Zusammenkunft wurde feierlich Brot gebrochen und der Kelch herumgereicht. Aber nun geschah vermutlich Folgendes: Die reichen Korinther, die früher eintrafen hatten grosse Picknickkörbe voller feinster Delikatessen dabei und stiessen untereinander mit erlesenen Tropfen an. Die armen Sklaven dagegen, die viel länger arbeiteten kamen später dazu und schauten beschämt auf ihr trockenes Stück Brot. „Der eine hungert, der andere ist schon betrunken!“ ruft Paulus ungehalten aus (V.21). Das ist doch kein Mahl des Herrn mehr, sondern eine egoistische Privatparty. Es geht Paulus also nicht darum, dass man mit Büssermiene zum Abendmahl kommt. Es geht ihm um diese rücksichtslose Störung der Gemeinschaft.

„Habt ihr denn keine Häuser, in denen ihr essen und trinken könnt?“ ruft Paulus den reichen Schlemmern zu. Dieser Vorschlag enttäuscht mich ein wenig. Wäre es nicht besser, die Armen könnten sich an den Abendmahlsfeiern richtig satt essen? Aber vielleicht kennt Paulus die Menschenherzen. So ein Vorschlag ist im Moment noch zu schwierig. Zu viel verlangt vielleicht von den Reichen, die doch immerhin schon viele finanzielle Verpflichtungen übernehmen in der Gemeinde. So schnell ändern sich Herzen, ändert sich eine Gesellschaft nicht. Aber wenigstens in der christlichen Gemeinde soll ein Vorgeschmack herrschen von Gottes neuer Welt. Wenigstens hier sollen diese krassen Unterschiede nicht noch zelebriert werden. Wer immer zuhinterst ansteht im Leben, soll hier auch einmal einen Ehrenplatz bekommen. Wer sich gewohnt ist, alles zu bekommen im Leben, darf hier auch mal verzichten.

Ob Paulus Erfolg hatte mit seinen heftigen Worten und seinem Schimpfen? Vielleicht war es weniger das Drohen und Schimpfen, das den Korinthern Eindruck machte, als vielmehr die feierlichen Worte, die Paulus in der Mitte des Abschnittes rezitiert und die noch heute bei jeder Abendmahlseinsetzung gesprochen werden: „Der Herr Jesus nahm in der Nacht, da er ausgeliefert wurde Brot....“(V.23) Paulus erinnert die Korinther an den Ursprung und das Zentrum des Abendmahls: Es geht um Jesus, der sich für uns mit Haut und Haar hingibt. Es geht um den neuen Bund, der mit seinem Blut besiegelt wird. Es geht darum, dass wir bei Gott mehr Liebe und Gnade erhalten, als wir uns je hätten träumen können. Und sicher mehr, als wir verdient haben, ob mit oder ohne Gewissenserforschung. Bevor wir zum Teilen aufgerufen werden, werden wir satt gemacht an diesem Tisch.

Weit weg scheint dieser Text auf den ersten Blick. Niemand würde bei uns mit einem Korb voller Delikatessen in der Kirche auftauchen. Unser Abendmahl erinnert nur noch entfernt an eine Mahlzeit. Eigentlich schade. Aber es menschelt auch bei uns, wie sollte es auch nicht. Gottlob sind zwar die Zeiten vorbei, wo die Wichtigeren auf geschnitzten Stühlen sassen und die armen Schlucker hinten in der Kirche standen. Aber auch wir können es nicht mit allen, die da mit uns zum Tisch des Herrn wandeln. Mit einigen haben wir vielleicht ernsthaft Krach. Andere ärgern uns nur, mit ihrem losen Mundwerk, ihren persönlichen Macken. Einige sind Persönlichkeiten, attraktiv, interessant und von Einfluss – wir fangen gern ein Gespräch mit ihnen an. Andere übersehen wir geflissentlich: Die aufgetakelte Gotte, die sowieso nur heute zur Taufe ihres Patenkindes in die Kirche kommt. Den schrägen Vogel mit seinem unkorrigierten Gebiss.

Wenn ihr zusammenkommt, so wartet aufeinander, mahnt Paulus. Er meint natürlich, dass die Reichen mit ihren Gelagen zurückhalten. Wenn alle da sind, soll das Brot gebrochen und der Kelch gesegnet werden. Diese Worte berühren mich. Aufeinander warten – vielleicht ist es diese Einstellung, die wir auch heute rund ums Abendmahl brauchen: Zum Tisch der Versöhnung gehen, und die Tür einen Spalt weit offen lassen für Frieden, auch wenn es nicht von heute auf morgen geht. Zum Tisch der Gnade gehen, und geduldig hoffen, dass Veränderung möglich ist, bei mir und beim anderen. Zum Tisch der überfliessenden Liebe gehen, und ein Stück weit barmherziger werden miteinander: Ich warte auf dich. Und wenn wir uns finden, heisse ich dich willkommen.

„Und er stieg zu ihnen ins Boot und der Wind legte sich“ Markus 6, 51a

„Diese Geschichte hast du mir heute schon dreimal erzählt!“ So sagt es der Gatte etwas unwillig zu seiner Frau. Und ähnlich möchte ich im 6. Kapitel des Markusevangeliums ausrufen: Markus, diese Geschichten kennen wir schon! Die Geschichte von der wunderbaren Brotvermehrung. Aber auch eine Geschichte mit einem Boot, Wind und Wasser gab es schon einmal. Im 4. Kapitel erzählte uns Markus die berühmte Geschichte von der Sturmstillung. Warum erzählst du uns zweimal eine so ähnliche Geschichte, die doch nicht ganz die gleiche ist, Markus? Vielleicht willst du uns sagen, dass das Leben sich nicht schnurgerade entwickelt sondern in Kreisen und Spiralen. Auch wer eine Sturmstillung erlebt hat, kann schon zwei Kapitel später wieder in einer ähnlichen Situation sein von Angst und Unglaube. Auch im Leben als Christ ist das so. Wir buchstabieren. Wir repetieren. Wir kommen an ähnlichen Orten wieder und wieder vorbei.
Was muss ich neu durchbuchstabieren diese Woche?

Am Abend war das Boot mitten auf dem See und Jesus allein an Land.
In dieser Variante der Geschichte liegt Jesus nicht schlafend im Boot. Stattdessen hat er seine Jünger vorausgeschickt.
Die Jünger sind mittendrin: Mitten auf dem See. Mitten auf dem vertrauten aber auch unsicheren Element Wasser. Jesus dagegen steht am Ufer. Ich stelle mir vor, wie er zum Abschied winkt. Offenbar gehört das zum Trainingsprogramm von Jesus, dass er von Zeit zu Zeit die Jünger ausschickt: Mitten hinein in den vertrauten und oft auch unsicheren Alltag der Menschen. Ohne dass er dabei ist, aber ausgerüstet mit seinem Auftrag und

mit seiner Kraft sind die Jünger unterwegs (6, 7-13). Dies scheint mir ein grosser Vertrauensbeweis von Jesus zu sein. Er ist kein Guru, der seine Jünger keinen Schritt alleine tun lässt. Er ist keine überbesorgte Mutter, die ihre Kinder von allem abschirmt.
Wo stehe ich mitten drin am heutigen Tag? Kann ich am Ufer Jesus erkennen?

Der Wind stand ihnen entgegen

Der Wind heult nicht und stürmt nicht in dieser Geschichte, aber es ist ein hartnäckiger Gegenwind. Es ist nicht lebensgefährlich aber höchst mühsam und ermüdend. Das Rudern, von kräftigen Männern ausgeführt, wird zu einer elenden Plackerei. Anstatt mit den Elementen zu arbeiten, haben sie sie gegen sich.
Bisher hatten die Jünger eigentlich häufig Rückenwind: Sie wurden Zeugen von Wundern, Heilungen, von grosser Begeisterung des Volkes. Aber es wird auch anderes kommen, davon gibt unsere Geschichte eine Vorahnung. Die Jünger werden selber Unverständnis und Ablehnung erleben. Oder auch Zeiten, in denen sie an Ort zu treten scheinen.
Habe ich derzeit Rückenwind oder Gegenwind in meinem Leben?

Die vierte Nachtwache.

Manchmal scheint alles Schlag auf Schlag zu gehen bei Markus. „Sofort“ ist eines seiner Lieblingwörter. Aber hier ist Stillstand. Am Abend sind die Jünger aufgebrochen und als die Nacht einbricht, mühen sie sich noch immer ab auf dem See. Die vierte Nachtwache ist der frühe Morgen. Dazwischen liegen lange mühselige Stunden. Stillstand - Die Anstrengung, die kein Resultat bringt. Das Ausharren, ohne dass eine Änderung in Sicht ist. Immer wieder erzählt die Bibel von solchem Ausharren: Da ist das Volk Israel, das jahrelang in der Sklaverei seufzt und schreit. Warum? Warum so lange?

Darauf gibt es keine Antwort. Aber immer wieder heisst es, dass Gott sieht. Gott sieht das Elend seines Volkes. (2. Mose 3: 7). Auch in unserer Geschichte heisst es, dass Jesus die Jünger sieht. (V.48) Er sieht ihre Mühe. Jesus sieht mich – kann ich das glauben?

Alle sahen ihn und erschraken.

Jesus sieht die Jünger und bricht zu ihnen auf. Er verlässt das sichere Ufer und kommt in ihre Nähe. Das unsichere Element Wasser trägt ihn. Merkwürdigerweise heisst es, dass er an den Jüngern vorbeigehen will. Dies ist keine Wunder-Vorführung mit Scheinwerfern, sondern diskrete Gegenwart im Zwielicht des Morgens. Aber die Jünger haben „es" alle gesehen. (50) Nur was ist die Frage. Offenbar sahen sie nicht die Gestalt von Jesus, die zu ihnen kommt, sondern ein Gespenst. Voller Angst schreien sie auf. Etwas sehen und klar sehen ist nicht immer das Gleiche. Richtig sehen lernen braucht Zeit. Markus erzählt uns später von einem Blinden, der die Menschen zuerst wie Bäume sieht, bevor sein Augenlicht völlig wiederhergestellt ist. (Mk 8, 24)

Was sehe ich? Sehe ich Gespenster?

Seid getrost. Ich bin es. Fürchtet euch nicht.

„Ich bin's" rufen wir manchmal beim Nachhause-Kommen als Antwort auf die Frage „Wer ist da?" Der Name ist gar nicht immer nötig. Jesus sagt diese Worte zu den verschreckten Jüngern, so wie eine Mutter beruhigend zu einem Kind redet, das noch halb in einem Alptraum gefangen ist. Beim Klang der vertrauten Stimme wird aus dem Gespenst die geliebte Gestalt. Der Wind legt sich. Während Jesus in der bekannteren Sturmgeschichte den Elementen sein Machtwort entgegenschleudert, steigt er hier einfach zu den Jüngern ins Boot. Ohne dass er gebeten oder angerufen wurde, bringt er ihnen äusserlich und innerlich Frieden.

Was wäre, wenn Jesus zu mir ins Boot käme?

Sie waren entsetzt und fassungslos

Die Reaktion der Jünger ist eigenartig. Die Jünger haben eine Brotvermehrung erlebt und Jesus auf dem Wasser gehen sehen – aber sie sind entsetzt und fassungslos. Der Evangelist spricht von einer Herzensverhärtung (V.52). Später wird Markus berichten, dass das leere Grab „Furcht und Zittern" auslöste (Mk 16,8). Glaube, so lehrt uns Markus, braucht seine Zeit um zu wachsen und fängt manchmal mit Erschütterungen und Verunsicherungen an. Denn Jesus ist nicht einfach die Erfüllung unserer eigenen religiösen Wunschträume. Gott sei Dank nicht. Er ist uns immer einen Schritt voraus. Er rüttelt auf und macht uns getrost. Bis alle Furcht zu Freude wird.

Wo wünsche ich mir, dass Jesus meine Furcht in Freude verwandelt?

MEDITATIONEN ZU EVANGELIEN II

„Denn der Menschensohn ist gekommen zu suchen und zu retten, was verloren ist."

Lukas 19, 10

„Das Verlorene" – was heisst das schon? Im Alltag, da brauchen wir das Wort: Das Portemonnaie, das Bus – Abonnement, der Wohnungsschlüssel ist verloren gegangen. Klammheimlich ihrer Besitzerin abhanden gekommen. Wichtige Dinge stehen nicht mehr zur Verfügung, erfüllen ihren Zweck nicht mehr.

Wir verlieren in einem Gespräch den Faden, vor einer Aufgabe den Mut, in einer fremden Stadt die Orientierung.

Menschen, die uns einmal nahe standen haben wir irgendwann aus den Augen verloren.
Oder wir bitten flehentlich darum, dass es nicht passiert: „Ich will dich nicht verlieren!"
Jemand steht verloren da, unsicher und ratlos, wo sie hingehört.
„Das Verlorene" ist abgeschnitten von seiner Bestimmung, von sinnvollen Zusammenhängen. „Das Verlorene" hat keinen Kontakt mehr zu seinem Ursprung und verfehlt sein Ziel.

„Das Verlorene"
Wer würde sich schon als verloren bezeichnen?
Jedenfalls *er* bestimmt nicht. Er hat es zu etwas gebracht im Leben. Er hatte den richtigen Riecher dafür, mit wem man Geschäfte machen kann und die nötigen Ellbogen für den Weg nach oben. Seine Bubenträume von einer Villa mit Palmengarten und Pool sind schon längst Wirklichkeit. Er hält die Fäden seines Lebens fest in der Hand und steuert sein Lebensschiff zielsicher durch Wind und Wellen.
Nur die Menschen in der Stadt können ihn nicht leiden.
„Er lebt auf Kosten anderer", wird gesagt. „Er ist ein Betrüger". „Er treibt für die Römer Steuern ein am Stadttor. Ein Blutsauger. Rücksichtslos und gierig."
Und so kommt es, dass Zachäus, der erfolgreiche Gewinnertyp als Verlorener verschrien ist. Als einer, der die Fäden zu Gott und den Mitmenschen abgeschnitten hat. Als einer, der mit voller Kraft am Ziel vorbeirennt. Ein Wort murmeln sie, das all das auf den Punkt bringt: „Er ist ein sündiger Mann" (Lukas 19, 7).

„Gesucht werden" – Haben Sie als Kind auch gern Versteckis gespielt? Das Tollste war immer, wenn man sich so gut versteckt hatte, dass man ganz

lange unauffindbar war. Bis alle laut nach einem riefen und man triumphierend zum Vorschein kommen konnte. Schlimm war es, wenn die Mitspieler das Interesse verloren und aufhörten zu suchen. Das Stimmengewirr entfernt sich, das Kind unter dem Bett oder hinter dem Schrank wünscht sich sehnlichst, gesucht und gefunden zu werden.
Ob Zachäus sich wünschte, dass man ihn findet, nachdem er auf einen Baum geklettert war, um Jesus zu sehen?
Ich weiss es nicht. Aber die Wende in seiner Geschichte beginnt damit, dass jemand ihn sucht und findet. Jesus schaut direkt hinauf zu Zachäus, dem gut Versteckten und sagt ihm, dass er herunterkommen soll. Jesus handelt hier wie der Hirte, von dem er erzählt, der seinen Schafen nachgeht und sie sucht – mit der Leidenschaft der Liebe. Das Motiv? „Ich will dich nicht verlieren!"

„Besucht werden" Die meisten Menschen die ich kenne haben gerne Besuch. Jemand kommt zu mir nach Hause, isst mein Essen das signalisiert Wertschätzung und Vertrauen. Die meisten Menschen, die ich kenne, haben nicht so gern unerwarteten Besuch. Der Zeitpunkt ist ungünstig. Die Wohnung ist unaufgeräumt. Man hat nichts Rechtes anzubieten. Zachäus nimmt Jesus mit sich nach Hause ohne noch lange zu überlegen. Er nimmt Jesus „voller Freuden" auf (Lukas 19, 6). Um das Kochen muss er sich wohl keine Sorgen machen. Es hat genug Dienstboten, die sofort in Aktion treten werden. Vielleicht kommt es ihm auch jetzt noch nicht von ferne in den Sinn, sich als „Verlorenen" anzusehen. Vielleicht ist er einfach stolz über den wichtigen Besuch. Und Jesus geht mit. Er sucht Zachäus da auf, wo er gerade steht, ohne dass der zuerst aufgeräumt hat. Er betritt sein ungeordnetes Leben. Würde ich mich freuen über solchen Besuch?

„Selig machen" (Luther-Bibel) Eine Gruppe von Freunden und Familienmitgliedern sitzt zusammen. Vielleicht im Garten um den Grill. Essen und Trinken. Lachen und Reden. Heiterkeit und Frieden liegt in der Luft zusammen mit dem Geruch von Gras und Holzkohle. Eine solche Szene drückt für mich „Seligkeit“ aus. Oder besser noch: Schalom. Das alte hebräische Wort für Frieden und Wohlergehen. Menschen sitzen beisammen in Verbundenheit. Niemand muss sich vordrängen. Niemand muss sich verstecken. Es ist, wenigstens für einige Augenblicke, eine Gemeinschaft entstanden. Jesus, der Menschensohn, wird in den Evangelien oft in solchen Szenen beschrieben: Umgeben von Menschen, die alle irgendwie verloren waren. Abgeschnitten voneinander und von Gott. Jesus ist der grosse „Eingemeinder“, der Menschen wieder menschlich macht und in die Gemeinschaft zurückbringt: „Auch er ist ein Sohn Abrahams“ (Lukas 19, 9) sagt er zu Zachäus. Am Ende seines Lebens und seit da immer wieder neu versammelt Jesus Menschen beim Essen und Trinken von Brot und Wein und erneuert sie.

„Selig machen“

Eine billige Idylle ist es allerdings nicht, dieses „selig machen“. Wir befinden uns nicht mehr im Paradies. Das griechische Wort für „selig machen“ bedeutet ganz einfach „retten“. Damit sind Gefahren angedeutet und eine Dynamik. Etwas ist zutiefst verkehrt, es kann nicht im gleichen Trott weitergehen! Diese Einsicht drückt auch bei Zachäus durch: Die Hälfte seines zielstrebig angehäuften Besitzes will er verschenken. Seinen Betrug will er wieder gut machen. Wann dämmerte es Zachäus, dass er etwas verloren hat, ja, dass er selber irgendwie „verloren“ ist? Wir wissen es nicht. Vielleicht merkte er erst, nachdem er gefunden worden war, dass er Gott abhanden gekommen war, ihm nicht mehr zur Verfügung gestanden hatte. Aber bei diesem Essen werden die abgeschnittenen Fäden neu geknüpft: Von Gott zu Zachäus. Von Zachäus zu seinen Mitmenschen. „Heute ist diesem Haus Heil wiederfahren.“ (Lukas 19, 9)

Ein Gebet

„Du mein Gott,
wenn ich mich selber verloren habe
Verliere du mich nicht aus den Augen.
Schau mich an auf meinen Wegen
Geh mir nach auf meinen Irrwegen.
Suche mich, damit ich ans Ziel komme.
Komm in mein Haus, damit ich nach Hause finde“.
Amen

MEDITATIONEN ZU DEN EVANGELIEN III

„Aber die Stunde kommt, und sie ist jetzt da, in der die wahren Beter in Geist und Wahrheit zum Vater beten werden“

Johannes 4, 23

Am Sonntag beten sie wieder: Die Christinnen und Christen, die sich in den Kirchen und Kapellen versammeln, vielleicht auch im Freien.

Sie danken Gott und bitten um seine Hilfe in verschiedenen Lebenslagen.

Sie sprechen gemeinsam das Unservater und nutzen einen stillen Moment für ein persönliches Gebet.

Gebetet wird immer noch viel in unserem Land. In den Kirchen aber auch im stillen Kämmerlein.

Aus Gewohnheit, aus einem inneren Bedürfnis, aus einer Not heraus.

Aber wie steht es mit dem „Anbeten“? Dies ist nämlich das Wort, das der Evangelist in unserem Abschnitt verwendet. Es ist ein starker Ausdruck, den man auch mit „Niederfallen“ und „Huldigen“ wiedergeben kann. Es geht über die oft zögerliche Kontaktaufnahme mit Gott beim Beten hinaus und sagt zu

Gott: „Du bist der Grösste. Du, nur Du bist aller Verehrung und alles Vertrauens wert".

Jesus unterhält sich mit einer samaritanischen Frau am Brunnen über das Thema „Anbetung". Nicht gerade leichte Kost! Aber offenbar interessiert es die Frau. Sie gehört nämlich zur religiösen Strömung der Samaritaner, die vom Mehrheitsjudentum als Sekte angesehen wird. Als Samaritanerin ist ihr der Berg Garizim heilig und wichtig.
Die Juden dagegen bestehen darauf, dass Gott im Tempel in Jerusalem angebetet werden muss (20). Die Frau packt die Chance, dieses heisse Eisen einmal direkt mit einem Juden zu besprechen – dazu noch mit einem Propheten, der offenbar die Hintergründe ihres ganzen Lebens kennt (4, 18).
Viele heutige Menschen haben ihre liebe Mühe mit solchen Streitgesprächen zwischen Kirchen und Religionen. Die Debatten um die „richtigen" heiligen Orte und Bräuche kommen ihnen als absurde Spitzfindigkeiten vor, die schuld sind an vielen Spannungen und sogar Kriegen.

Jesu Antwort überrascht: Weder Jerusalem noch der Berg Garizim sind entscheidend, sagt Jesus (22). Nicht der Ort macht die Anbetung „wahr", sondern dass Gott im „Geist und in der Wahrheit" angebetet wird. Die heiligen Orte und die heiligen Traditionen werden also ein Stück weit relativiert.
Dies kommt unserem heutigen Lebensgefühl wohl ein Stück näher.
Aber was heisst „Anbeten im Geist"? Was ist eine geist-reiche, geist-volle Anbetung Gottes?
Ich denke als erstes heisst es, Gottes Freiheit ernst nehmen: Weil Gott unsichtbar ist, kann Gott nicht durch etwas Sichtbares repräsentiert werden. Weil Gott souverän ist, kann man Gott nicht durch Rituale und Zeremonien

gefügig machen. Gottes Geist kann man so wenig festhalten wie den Wind: „Der Geist weht, wo er will“ (Johannes 3, 8).

Gerade die reformierte Tradition setzt sich dafür ein, dass Gottes Freiheit gewahrt wird. Darum ist sie skeptisch gegenüber heiligen Dingen und Orten. Aber „geistvoll“ heisst mehr als „unsichtbar“ und „geist-reich“ ist mehr als gute Gedanken haben, so wichtig diese sind.
Interessanterweise heisst es nicht: „Den Geist anbeten“ sondern „*im* Geist anbeten“. Dies bedeutet, dass wir uns auf Gott einlassen, mit offenem Herz und Sinn, dass wir von Gottes Geist bewegt werden, so wie ein Blatt vom Wind bewegt wird. Wir können Gott nicht fassen, aber wir können uns öffnen für Gott, ihn bitten *uns* zu erfassen.
Nicht viel oder wenige Zeremonien entscheiden darum über eine „geist-volle“ Anbetung, sondern ob die Menschen, die daran beteiligt sind, mit Staunen und Ehrfurcht bei der Sache sind.

Nun aber kombiniert der Evangelist Johannes den Begriff „Geist“ mit „Wahrheit“. Das allerdings ist nun eher ein Reizwort für unsere Gesellschaft. Wahrheit fordert heraus, erhebt Ansprüche. „Die“ Wahrheit kann ich nicht einfach ignorieren. Darum wird dieses Konzept von „einer“ Wahrheit weitherum abgelehnt. Wahr ist das, was mich anspricht, mich überzeugt. „Gefühl ist alles, Name ist Schall und Rauch“ – so sagt es Goethe’s Faust. So verflüchtigt sich allerdings der freie Gottes-Geist zu einem Nebel, einer unfassbaren Macht, der wir halb misstrauisch, halb gleichgültig gegenüber stehen. Für den Evangelisten Johannes ist Wahrheit nicht die grosse Unbekannte, oder das, was jeder persönlich spürt. Er setzt sie mit der geheimnisvollen Gestalt von Jesus gleich, der Weg, Wahrheit und Leben ist (Johannes 14, 6). Diese Wahrheit tritt auf die Menschen zu, geht auf sie ein, fordert sie heraus. So wie die Frau am Brunnen.

Der gleiche Faust, der es nicht so mit den Namen hat brennt danach zu wissen „was die Welt im Innersten zusammenhält". Was ist es? Was stiftet Sinn über mein eigenes Leben hinaus? „Wir wissen was wir anbeten" sagt Jesus zu der samaritanischen Frau. „Wir Juden wissen es besser als ihr Samaritaner" (4, 22). Eine ziemliche Provokation! Reicht es denn nicht, beim Anblick der Gletscher oder des Sternenhimmels ein inneres Staunen zu empfinden über das, was Grösser ist als wir? So wertvoll dies ist – beim Thema anbeten muss ich wissen, wem ich meine erste und letzte Loyalität, Liebe und Verehrung schenke. Das, was ich anbete, verehre, darum kreise, das treibt mich an. Darum offenbart sich Gott nach biblischem Zeugnis als Du des Menschen. Was die Welt im Innersten zusammenhält ist Gottes leidenschaftliche Liebe, in Jesus Christus besiegelt.
Es ist diese sehr konkrete, verlässliche Wahrheit, vor der wir uns anbetend beugen.

Das Gespräch von Jesus und der Samaritanerin steuert seinem Höhepunkt zu, gerade als sie es gerade abschliessen will. „Na, der Messias wird uns schon alles richtig erklären, wenn er kommt" meint die Frau. „Du sprichst gerade mit ihm" sagt Jesus (4,26). Gott zeigt sich, kommt auf uns zu, fordert uns heraus, als verlässliche Wahrheit. Wir können diese Wahrheit nicht in den Sack stecken und brauchen wie wir wollen. Wir erkennen sie nur als Angesprochene, Angeredete. Aber dann beginnt ein Gespräch, das voller Überraschungen steckt und unsere wache, geist-reiche Aufmerksamkeit verlangt.
Und auf einmal ist das, was wir theoretisch für möglich hielten ganz nah, eine lebendige Realität. Auf einmal sind wir der göttlichen Wahrheit näher, als wir uns je zu träumen wagten.

MEDITATIONEN ZU DEN EVANGELIEN IV

„Wenn jemand Durst hat, komme er zu mir und trinke. Wer an mich glaubt, aus dessen Leib werden, wie die Schrift sagt, Ströme lebendigen Wassers fliessen.“

Johannes 7, 37b; 38

Ich bin unterwegs mit Drittklässlern. Wir machen im kirchlichen Unterricht eine kleine Wanderung, ein besserer Spaziergang, so dachte ich. Aber mit dem drückend heissen Wetter habe ich nicht gerechnet. Meine Dritteler brauchen eine Pause und möchten etwas Trinken. Aber ich habe nur ein paar Äpfel mitgenommen. Vorwurfsvoll schauen mich die Kinder an, schuldbewusst suche ich nach einer Lösung. Aber es gibt keine, wir müssen einfach durchhalten bis wir wieder im Kirchgemeindehaus sind. Als die ganze Schar lustlos an einem Bauernhaus vorbeimarschiert, hellt sich das Gesicht eines Jungen auf. „He, kommt mal alle“, sagt er freudig-verschmitzt, „ich weiss was“. Und er führt uns unter das ausladende Dach vor den Stall zum Brunnen. Klar, er kennt sich aus, das ist schliesslich sein Elternhaus. Seine Kameraden hängen sich begeistert der Reihe nach an die Röhre, trinken und trinken von dem klaren, kühlen Wasser.

Jesus redet von Wasser. Von Wasser im Überfluss. Es gibt keine sorgfältig abgemessenen Rationen, die jeder zugeteilt bekommt und die wieder für ein Weilchen reichen müssen. Stattdessen ist die Rede von Strömen von Wasser. Wir denken vielleicht an strömenden Regen, der keinen trockenen Faden an einem lässt. Oder an einen Strom wie die Aare oder den Rhein, der kraftvoll dahinzieht. Es ist ein Bild der Fülle und für Menschen im heissen und trockenen Israel geradezu ein Paradiesbild. Jesus redet vom lebensspendenden Wasser. Es sind nicht die todbringenden Fluten eines

Hochwassers im Blick. Statt dessen geht es um das „lebendige Wasser“ das aus einer Quelle sprudelt. Man muss nicht den Wasserhahn auf- und zudrehen, um ja nichts zu verschwenden. Es ist da, unerschöpflich, unaufhörlich, im Überfluss.

Jesus ruft seine Einladung im Tempel in Jerusalem am letzten Tag des Laubhüttenfestes. Es ist ein fröhliches, ausgelassenes Fest, wo das Volk Israel an die Zeit denkt, wo Gott es in der Wüste durchgetragen hat. In einem besonderen Ritual wird aus einem Brunnen Wasser gschöpft in Erinnerung an das Prophetenwort: „Ihr werdet mit Freuden Wasser schöpfen aus den Heilsquellen.“ (Jesaja 12,3) Jesu Worte knüpfen also an die Geschichte Gottes mit seinem Volk an. All die Verheissungen und Zeichen – der Fels in der Wüste, aus dem Wasser sprudelt (4.Mose 20,11), die Quelle im Tempel (Hesekiel 47,1), das lebendige Wasser, das von Jerusalem ausgehen wird (Sacharja 14, 8) - sie sind hier in Jesus erfüllt. „Wie die Schrift sagt“.

Das ist natürlich allerhand. Damals und heute reizt solch ein Anspruch zum Widerspruch. Wie kann er das nur sagen? Warum gerade er? Was denkt der bloss, wer er ist? Das ganze Kapitel 7 beschreibt ein kritisches Fragen und hitzige Debatten zur Person Jesu. Ist er der Messias? (27, 31) Ist er ein Verführer? (47) Ist er ein Lehrer für das Volk? Oder fehlt ihm am Ende die nötige Bibelkenntnis? (16; 17) Erfüllt er denn wirklich die biblische Checkliste für den Messias? (52) Jesus diskutiert mit, fordert heraus. Aber inmitten von diesem aufreibenden Hin und Her steht Jesus hin und ruft seine grosse Einladung heraus: Wer Durst hat, soll kommen! Kritisches Fragen und Abwägen kann den Weg ein Stück weit frei machen, aber es kann nicht zu dem vordringen, wer Jesus im Tiefsten ist. „Wer an mich glaubt...“ sagt Jesus. Wer diesen persönlichen Einsatz wagt, der wird dem Geheimnis auf die Spur kommen.

Die Wasserströme kommen „aus dem Leib“. Man kann das griechische Wort mit „Bauch“ übersetzen oder auch „Herz“. Es ist ein merkwürdiges Bild: Nicht einfach Gott, sondern ein Mensch aus Fleisch und Blut wird zur Quelle des lebensspendenden Wassers.
Man kann den Vers auf zwei Arten übersetzen: Entweder gehen die Ströme von Jesus aus oder von dem Menschen, der ihm vertraut. Das Zweite lässt uns vielleicht zögern: Was, ich soll eine Quelle von lebendigen Strömen sein? Mit meinen Besonderheiten und Ungereimtheiten? Von meinem konkreten, leibhaftigen Leben soll Wasser in Hülle und Fülle ausgehen, um andere zu erfrischen und zu tränken, um Leben zu bringen?
Ich muss gestehen, da komme ich mir oft eher vor wie ein tropfender Wasserhahn oder ein Gartenschlauch, der ein Loch hat.

Wie eigenartig: Entweder bin ich doch jemand der Durst hat, der sozusagen ein ständiger Wasserhilfebezüger Gottes ist. Eine Person, die mit weit offenem Mund täglich wieder dieses Wasser erbittet und empfängt. Oder es wird in mir selber zu „einer Quelle, werden, deren Wasser ins ewige Leben sprudelt“. (Johannes 4,14) Und in dem Fall bin ich selbständige Quellenbesitzerin und brauche Gott und Jesus nach einem ersten Wasserempfang nicht mehr. Nein, sagt das Evangelium. Du bist immer beides: Ganz angewiesen auf Gottes Gabe und ganz von ihm gesendet um selber diese Gabe für andere zu werden. Ich muss mich nicht entmutigt zurückziehen, wenn es trocken ist in mir und ich Durst habe. Es gibt aber auch keinen Grund, in stolzen Übermut zu verfallen, wenn es sprudelt in mir. Ich bin beschenkt von Gott. Ich bin ein Geschenk Gottes. Immer wieder bedürftig. Immer wieder erfüllt.

Dass wir Beschenkte sind, wird im nächsten Vers klar, wo das Lebenswasser als der Heilige Geist gedeutet wird. Jesus wird ihn austeilen, nachdem er

durch Leiden und Tod zur Herrlichkeit durchgedrungen ist. (Johannes 20,22) In einem alten Pfingstlied wird der Heilige Geist als Wasser des Lebens angerufen: „Was befleckt ist, wasche rein. Dürrem giesse Leben ein, heile du, wo Krankheit quält." Und gleichzeitig wird dieser Heilige Geist auf niemand anders als Jesus hinweisen, an ihn erinnern, ihn gegenwärtig machen. (Johannes 14, 26)
Ich glaube dieser Geist ist die Stimme, die uns ruft, eindringlich manchmal und manchmal verschmitzt und fröhlich: „He, komm mal! Ich zeig dir einen, der kennt sich aus. Der weiss, wo es Wasser gibt. Denn er ist schliesslich der Sohn im Haus seines Vaters."

MEDITATIONEN ZUM ALTEN TESTAMENT I

„Ich bin der HERR, dein Gott, der dich herausgeführt hat aus dem Land Ägypten, aus einem Sklavenhaus. Du sollst keine anderen Götter haben neben mir."

Exodus 20, 2 - 3

„Ich bin nicht kirchlich, wirklich nicht", so sagt es der junge Familienvater. „Aber ich bin kein schlechter Mensch. Die christliche Moral ist mir sehr wichtig, die zehn Gebote halte ich hoch."
In manch einer schweizerisch-reformierten Dorfkirche lassen sich ich an der einen Wand mächtige Wandbilder zu den 10 Geboten betrachten: Auf zwei Tafeln sind die 10 Gebote aufgeführt. Darüber thront oft mit langem Bart und durchdringendem Blick ein imposanter Mose. Die 10 Gebote übten einen kaum zu unterschätzenden Einfluss auf unsere Kultur aus.
Nicht nur an Kirchenwänden, auch in Gottesdiensten und in der Unterweisung wurden sie den Menschen eindringlich eingeschärft.

Und erstaunlicherweise wird diese Hinterlassenschaft im Gegensatz zu anderen christlichen Erbstücken weitherum als positiv eingeschätzt. Wie dem jungen Familienvater gelten die zehn Gebote vielen Menschen als zeitlos aktuelle und universal gültige Regeln für ein gedeihliches Zusammenleben. Wie halten Sie es denn mit den 10 Geboten?

Zehn Gebote sind es, aber ich vermute mal, dass die meisten Menschen spontan als erstes an die sechs Gebote denken, die das zwischenmenschliche Miteinander regeln (2. Mose, 12 – 17). Diese Gebote werden traditionellerweise die zweite Tafel genannt. Die bekanntesten davon sind sicher: Du sollst nicht töten (13) Du sollst nicht stehlen (15) Du sollst nicht lügen (16). Jedes dieser Gebote bringt einen Rattenschwanz von kniffligen ethischen Fragen mit sich. Wie steht es denn mit einer Notlüge, vielleicht wenn sich dadurch ein Menschenleben retten lässt? Wie weit muss der Begriff „Töten" gefasst werden? Ist ein hungriges Kind aus einem Slum, das ein Brot entwendet ein Dieb? Die 10 Gebote setzen einen Grundstein, auf dem weitergebaut und weitergedacht werden muss. Dies wurde ja auf jüdischer und auf christlicher Seite intensiv getan. Trotzdem vermitteln diese Gebote einen spontanen Eindruck von Verlässlichkeit. Das Leben und Gut des Einzelnen wird geschützt. Wahrhaftigkeit ermöglicht Vertrauen und Sicherheit. Auch wer könnte, und sogar ungeschoren davonkäme, darf sich nicht einfach nehmen, was er will und zerstören, was ihm im Wege steht. Das ist bis heute in vielen Gesellschaften revolutionär!

Wie in anderen Bereichen hat uns die biblische Wissenschaft dafür sensibilisiert, dass diese Gebote nicht zeitlose Prinzipien sind, sondern in einer bestimmten historischen Situation bekannt und festgehalten wurden. Angesprochen wird nicht ein abstrakter „Jedermann", sondern vermutlich ein freier Mann mit Besitz, Sklaven, Vieh und mindestens einer Ehefrau (20, 10

und 20, 17). In vielen Fällen hat uns diese historische Verortung weitergeholfen: Beim Gebot der Elternehre geht es nicht so sehr darum, dass ein kleines Kind mit religiöser Autorität in Schach gehalten wird. Es geht vielmehr darum, dass die erwachsene, aktive Generation sich um die gebrechlichen und ökonomisch „nutzlosen" Alten sorgt.
Beim Gebot der Lüge geht es nicht um die Notlüge eines bedrängten Menschen sondern vor allem um die Wahrhaftigkeit vor Gericht.

Die historische Verankerung hilft, aber nur bis zu einem gewissen Grad. In welche Richtung sollen wir den Faden weiterspinnen, in einer Zeit, die so anders ist als die des Volkes Israel damals? Wie ehrt zum Beispiel ein erwachsenes „Kind" heute seine Eltern, so dass beide Seiten auf ihre Rechnung kommen? Wie erweitert man den ursprünglichen Adressatenkreis dieser Gebote?
„Wissen Sie was? Diese Gebote hat ein schlauer Mensch erfunden, um die Menschen bei der Stange zu halten" – so sagt es eine alte Frau mit lebhaft blitzenden Augen.
Sie sieht diese Gebote als ein Produkt von Menschenhand, nützlich und nötig zwar, aber auch weit offen für Missbrauch. Damit hat sie natürlich nicht unrecht. Ich kann mir vorstellen, dass die zehn Gebote von den freien Gutsbesitzern nur noch zur Sicherung ihrer Privilegien eingesetzt werden könnten: Untereinander lässt man sich zwar Leben, Besitz, Ehre und die Ehefrauen, was sicherlich schon ein Fortschritt ist. Aber gegenüber den niedriger Gestellten, Frauen, Kindern, Tagelöhnern und Sklavinnen gilt nur der drohende Zeigefinger: Du sollst nicht stehlen! Du sollst nicht begehren!

Der Missbrauch dieser Gebote ist möglich, aber wie es so treffend heisst, hebt der Missbrauch den guten Gebrauch nicht auf.

Interessanterweise werden die 10 Gebote in der Bibel gar nicht als zeitlose moralische Maximen dargestellt. Sie werden Mose zwar von Gott persönlich in einer spektakulären Szene auf dem Berg Sinai anvertraut, aber dies geschieht an einem bestimmten Punkt der Geschichte Israels: „Ich bin der HERR, dein Gott, der dich aus dem Land Ägypten geführt hat". Das Volk, das aus elender Knechtschaft geführt wurde, soll Richtlinien für ein geglücktes Zusammenleben bekommen. Immer wieder beobachten wir mit Schrecken, wie auf Revolutionen neue Knechtschaft folgt, wie die Befreiten ihrerseits zu Unterdrückern werden. Die Gebote stehen unter dem Vorzeichen der Freiheit und im Dienste der Freiheit: Sie wollen sicher stellen, dass nicht Einzelne die Freiheit missbrauchen, dass zumindest die männlichen Gutsbesitzer brüderlich zusammenleben können. Das Vorzeichen der Freiheit kann uns den Weg weisen, wie wir heute die zehn Gebote weiterspinnen können: Als Verheissung und Verpflichtung für Reiche und Arme, Frauen und Männer.

Die Freiheit des Menschen wird geschützt und gestaltet in den zehn Geboten. Aber gleich wichtig ist die Freiheit Gottes. Die ersten drei Gebote gebieten, diesem Befreier-Gott alleine alle Loyalität und Ehre zu geben, kein Bild von Gott zu machen und den heiligen Gottesnamen nicht zu missbrauchen (20, 1 – 7).

Dies erscheint uns vielleicht befremdlich und weniger nötig als das Verbot von Stehlen und Lügen.

In der biblischen Geschichte werden der befreiende Gott und das befreite Volk aber ganz nahe zusammengebunden und verbunden. Freiheit ist da, wo der Befreier-Gott nicht vergessen geht. Freiheit ist da, wo der Mensch sich nicht selber zu Gott macht. Freiheit ist da, wo der Mensch nicht falschen Göttern dient. Der Befreier-Gott ist ein verlässliches Gegenüber, aber kein Hampelmann der Menschen. Er lässt sich nicht herbeibeschwören, festlegen, manipulieren mit menschlichen Bildern und Techniken.

Gott ist frei. Nur so bleibt er unsere grösste Hoffnung auf Befreiung und nicht einfach ein Abklatsch unserer Wünsche.

Der Samstag ist seit jeher im Judentum ein besonderer Tag, der Sabbat. Das Halten des Sabbats wird in dem Gebot befohlen, dass ich Ihnen bisher noch unterschlagen habe (V.8-11). Schützt das Sabbat-Gebot eher die Freiheit Gottes oder die Freiheit der Menschen? Mich dünkt es, dieses Gebot ist wie das Scharnier zwischen den beiden Aspekten. Der Tag ist Gott geweiht (10), ein Tag zum Innehalten und an den Befreier-Gott und Schöpfer-Gott zu denken. Aber der Tag ist auch ein Ruhetag und zwar für alle Mitglieder des israelitischen Haushaltes: Kinder, Sklavinnen, Tiere und sogar die Fremden. An diesem Tag sollen alle für einen Moment ihr Alltags-Joch ablegen und etwas kosten und geniessen von der Freiheit, die Gott schon geschenkt hat und noch geben wird: Ausdrücklich auch die Sklaven!

MEDITATIONEN ZUM ALTEN TESTAMENT II

“So hört mir zu, und esst Gutes, damit ihr eure Freude habt am Fett.”

Jesaja 55, 2b

“Auf, geht zum Wasser, all ihr Dürstenden.” Mit dieser grossen Einladung fängt unser Bibelabschnitt an.

In immer neuen Bildern wirbt Gott um sein Volk, verheisst ihm nach dem Strafgericht eine neue Zeit von Heil und Frieden.

“Du hast Durst? Ich habe Wasser!” sagt Gott. “Du hast ein Problem? Ich habe die Lösung!” Ja, es kommt noch besser. Gott lädt fröhlich zum Shopping ein – ganz besonders die, die kein Geld haben und deren Kreditkarte abgelaufen ist. Sie alle sollen nach Herzenslust einkaufen, “ohne Geld und umsonst”. Frisches, belebendes Wasser. Nahrhafte Milch. Und einen guten Tropfen Wein. Gott gibt grenzenlose Darlehen auf das, was uns aufblühen lässt, was uns nährt und fröhlich macht.

“Kommt, ihr alle, die Durst habt!” Wie so oft in der Bibel sind diejenigen, die im Minus sind und ohne eigene Ressourcen die besonderen Adressaten von Gottes schöpferischer Liebe.
“Kommt ihr Durstigen! Selig ihr Armen und Traurigen!” Verkehrte Welt! Oft genug werden ja gerade die Verletzlichsten nochmals ausgenommen und belastet: Die Slumbewohner kaufen ihr Trinkwasser in Flaschen abgefüllt und von privaten Firmen vertrieben, die Mittellosen werden in Schuldenfallen gelockt, die nur dem Kreditgeber nützen. Die Armen bezahlen immer teurer für ihre Nahrung.
Kein Wunder, wenn uns diese überschwängliche Einladung stutzig macht: Ist da nicht vielleicht irgendwo ein Haken?
Aber nein, Gott benützt unsere Not nicht als den Angelhaken, an dem er uns zappeln lässt, sondern als Gefäss, das er füllen will.

“Kommt ihr Dürstenden alle!” Sicher gibt es nun ein grosses Wettrennen hin zu dieser Wasserquelle. Sicher quillt Gottes Krämerladen, wo man ohne Geld einkaufen kann schon über vor Kunden. Aber es scheint da ein Problem zu geben. Die Menschen, die Gott anredet haben zwar Geld, aber sie geben ihren sauer verdienten Lohn für schlechte Ware aus. Für “das, was kein Brot ist”. Was da gekauft und konsumiert wird, ist in Wirklichkeit gar kein Lebens-Mittel, das diesen Namen verdient.
Vieles schmeckt zwar gut, aber es gibt nichts her. So wie eine süsse Zuckerwatte. In der Schweiz ist das Bewusstsein für die richtige Ernährung hoch. Wir wissen: Nur mit Gaumenkitzel und Kalorien ist es nicht getan. Das

Essen muss auch die richtigen Nährstoffe enthalten und uns aufbauen und gesund erhalten.

Was macht satt? Und was ist einfach nur “Junk Food”, auch im übertragenen Sinn? Wir sind in unserem Land reich bedient mit Nahrungsmitteln, mit schönen Sachen, mit Unterhaltung, Anregung und prickelnder Abwechslung. Aber manchmal, da blitzt ein verstörender Hunger auf in unserer reich gesättigten Gesellschaft. Ich sehe Jugendliche, die sich jeden Samstag vollaufen lassen, bis sie jede Würde verlieren. Wonach haben sie nur solchen Durst? Ich sehe gediegenere Mitmenschen, die rastlos von einem Geschäft zum anderen ziehen, beladen mit Taschen. Was brauchen sie denn noch? Und ich frage mich: Macht es uns satt, all das, was wir essen und besitzen und zu uns nehmen? Oder können wir darum so wenig weitergeben, weil unsere Nahrung zu wenig hergibt?

Vielleicht haben Sie meine ernsten Worte unangenehm an einen Gott erinnert, der Ihnen vielleicht in Ihrer Jugendzeit gepredigt wurde: Dieser Gott ist ein veritabler Diätkoch und Erbsenzähler. Schokolade ist grundsätzlich verboten, Alkohol sowieso. Sauerkraut und Rüben sind dafür Standard.
Aber so ist der Gott nicht, den uns Jesaja vorstellt. “Esst Gutes, damit ihr eure Freude habt am Fett” so sagt er.
Dies ist zum einen gut biblische Art, die gleiche Sache zweimal in verschiedenen Worten zu sagen.
Aber gerne stelle ich mir vor, dass diese Sätze auf zwei Sachen hindeuten: Gott gibt uns beides: das “Gute”, das, was uns nachhaltig nährt und stärkt aber auch das, was “fett” ist, ein richtiger Leckerbissen.

Eine Praline nach einem guten Vollwertessen ist ein Genuss. Anders ist es, wenn wir als unsere Hauptmahlzeit eine Schachtel Pralinen zu uns nehmen.

Da wird uns nicht nur schlecht, sondern wir werden merkwürdigerweise schnell wieder hungrig.
Wenn Gott uns seine guten Sachen zu essen gibt, kommt unsere innere Nahrungsmittelpyramide ins Lot. Wer in der Tiefe seines Lebens gesättigt ist mit der Liebe und Freude, die Gott schenkt, ist nicht mehr getrieben, auf der Suche nach Essen, das sich oft als Junk Food entpuppt. Und schöner noch: Das, was uns nicht sättigen konnte, weil das gute Fundament fehlte, können wir auf einmal im Mass geniessen – als gute Gabe von dem Gott, der uns mit Köstlichem labt.

Es ist auffallend, wie oft Gott in unserem Abschnitt von "Hören" redet: Hört auf mich! Neigt euer Ohr zu mir!
Der grämliche Diätkoch ist das eine Missverständnis in christlicher Spiritualität. Wen wundert's das das Pendel dann manchmal auf die andere Seite ausschlägt: Gott wird als der pausbäckige Weihnachtsmann verkauft, der mir all das, was ich gern hätte mit vollen Händen austeilt. Ich muss mir die Werbegeschenke nur noch abholen.
Die Aufforderung zum "Horchen" und "Hören" erinnern uns daran, dass es um ein tiefes Sich-Einlassen auf Gott geht. Nicht ein Weihnachtsmann steht vor uns, aber der Geber und die Quelle von allem Guten will von uns erkannt und geliebt werden.
"Horchen" und "Hören", das kann bildlich gesprochen bedeuten, dass wir uns gern in Gottes Küche aufhalten, von seinen Speisen kosten, uns an seine guten Sachen gewöhnen – das braucht manchmal Zeit! Da sind vielleicht Gewürze, die uns anfangs nicht schmecken, aber mit der Zeit Appetit machen – auf Versöhnung, auf Gerechtigkeit, auf Leben für alle.

"Auf, geht zum Wasser, all ihr Dürstenden" Diese Einladung hat Gott nie mehr zurückgenommen. Sie schwillt in Jesus zu einem grossen Strom an:

“Wenn jemand Durst hat, komme er zu mir und trinke!” ruft Jesus laut im Tempel von Jerusalem (Johannes 7, 37b). Eine der letzten Sätze unsere Bibel lautet: “Und wer dürstet der komme, und wer will, der nehme vom Wasser des Lebens, umsonst” (Offenbarung 22, 17b). Eine unserer christlichen Zeremonien dreht sich um Essen und Trinken. Das Brot des Lebens, der Kelch des Heils wird uns angeboten. Der Leib und das Blut Christi. Befremdlich und fast verstörend kommt das einem normalen Menschen vor. Wir müssen gut hinhören, uns immer wieder in der göttlichen Küche aufhalten und seine merkwürdigen Speisen kosten um zu merken: Er gibt uns wahrhaftig sein Äusserstes und Innerstes, sein Höchstes und Tiefstes – damit wir leben können.

Printed by Books on Demand GmbH, Norderstedt / Germany